IMAGENS DA VIRTUDE E DO PODER

BOLÍVAR LAMOUNIER

IMAGENS DA VIRTUDE E DO PODER

EDITORA
IDEIAS & LETRAS

Diretor Editorial
Márcio Fabri

Conselho Editorial
Edvaldo M. Araújo
Marco Lucas Tomaz
Orlando A. Silva Cassiano

Coordenação Editorial
Valério Alves

Preparação
Andresa Mariana

revisão
Daniel de Vasconcelos Andrade

Diagramação e capa
Danielly de Jesus Teles

1ª impressão

EDITORA IDEIAS & LETRAS

Rua Oliveira Alves, 164
Ipiranga – São Paulo/SP
Cep: 04210-060
Televendas: 0800 777 6004
Editorial: (11) 3862-4831
vendas@ideiaseletras.com.br
www.ideiaseletras.com.br

Dados Internacionais de Catalogação na Publicação (CIP) de acordo com o ISBD

L236i Lamounier, Bolívar

Imagens da Virtude e do Poder / Bolívar Lamounier. – São Paulo : Ideias & Letras, 2024.

176 p. ; 16cm x 23cm
Inclui bibliografia.
ISBN: 978-65-87295-71-8

1. Ciência política. 2. Democracia. 3. Sociedade. I. Título. II. Série.

2024-1094 CDD 320
CDU 32

Elaborado por Odilio Hilario Moreira Junior - CRB-8/9949

Índice para catálogo sistemático:

1. **Ciência política 320**
2. **Ciência política 32**

SUMÁRIO

Dedico este livro a minhas irmãs, Terezinha e Violeta, e a meu irmão, Arsonval Lamounier, entes queridos.

A afetuosas lembranças Alfred Stepan, Fernão Botelho Bracher, Juan J. Linz, Ruth Cardoso, Victor Nunes Leal.

E a Jano, deus romano dos primórdios, do tempo e da política. Com duas cabeças, ele vê o passado e o futuro ao mesmo tempo.

AGRADECIMENTOS

Agradeço aos amigos Alessandra de Angelis, Alkimar R. Moura, Antônio Octávio Cintra, Geraldo Forbes, José Júlio Senna, Maria Eugênia Roxo Nobre, Maria Teresa Sadek, Marie Anne Worms, Mário Brockmann Machado, Marinete Veloso, Marly Perez e Simon Schwartzman pelo estímulo que me deram e pela ajuda que me prestaram na elaboração deste trabalho.

PREFÁCIO

Comecei a escrever este livro duas semanas antes da agressão russa à Ucrânia, em fevereiro de 2022. Aquela atrocidade reforçou uma intenção que eu acalentava desde algum tempo atrás, a de contrastar a organização política notavelmente adiantada da Antiguidade Romana às medonhas recaídas na barbárie que amiúde se sucedem no mundo atual, levando a humanidade a se distanciar cada vez mais dos ideais do Iluminismo e de filosofias posteriores, das quais esperávamos uma orientação mais efetiva no sentido de um convívio estável, pacífico e civilizado. Responsáveis por compreender a evolução das coletividades, as ciências humanas, ao perder a visão histórica, parecem-me ter em parte se incapacitado para o cumprimento daquela missão.

Maquiavel concentrou nos termos Virtude e Fortuna sua reflexão sobre o que se requer de todo aquele que se propõe a construir uma ordem política estável. Virtude diz respeito aos requisitos de coragem e discernimento; Fortuna indica-lhe a necessidade de bem ponderar quão favoráveis ou desfavoráveis lhe podem ser as circunstâncias de sua ação. De forma análoga, penso que algumas sociedades se destacam pela busca da civilidade e da paz enquanto outras cedem a retrocessos e rupturas, deixando-se arrastar para a barbárie.

A vida política das coletividades não é guiada por causas necessárias, naturais ou transcendentais. São sempre vulneráveis à contingência. Necessário é o que só pode ser como é; contingente é o que pode adquirir outras formas, ou seguir outros trajetos. A ideia de necessidade leva a visões teleológicas sobre o fim da história, enquanto a de contingência põe em relevo a necessidade do "fazer político".

Nenhum relato histórico pode ser melhor que o modelo (ou template) que o orienta e lhe confere sentido. Todas as estruturas políticas – desde as de pequeno porte, típicas da Antiguidade, até as imensas do mundo moderno – podem se aprimorar de uma forma notável ou sofrer o impacto destrutivo de retrocessos e rupturas. As instituições políticas e os diferentes regimes que a humanidade concebeu para interligá-las devem contribuir para a estabilidade e a civilidade do convívio humano, mas não são infalíveis. Não por acaso, a questão dos retrocessos e rupturas – *breakdowns* – ocupa hoje uma posição central na Ciência Política, notadamente nos estudos comparativos sobre democracias e ditaduras.

Este livro compõe-se de três partes mais ou menos distintas. A primeira (capítulos 1-5) tem como *leitmotiv* o razoável desenvolvimento político atingido pela Antiguidade Romana e as recaídas ocorridas na atualidade, desde o século XX: a da Argentina a partir do peronismo e a desumanidade praticamente incompreensível a que chegaram o estalinismo soviético e o nazifascismo da Alemanha hitlerista. A segunda (capítulos 6-9) trata do que denomino viés antirrural, tomando como ponto de partida a inclinação autoritária dos ataques à constituição republicana de 1891. A terceira parte explora diversos modelos (templates) subjacentes a questões ligadas à formação e ao funcionamento da democracia representativa. Destaco, aqui, a debilidade de nossas estruturas partidárias (capítulo 10), diferenças na capacidade de assimilar e contextualizar informações políticas em grandes eleitorados (capítulo 11), o fetichismo do "governo forte" associado ao presidencialismo (capítulo 12) e o próprio conceito de política, abordado sob a forma de uma análise crítica da concepção weberiana (capítulo 14).

Sobre Roma, por razões que o leitor brevemente entenderá, logo me convenci da necessidade de relembrar as origens do Estado, a construção das instituições republicanas, a transição para o Principado, a controvérsia sobre as causas de seu declínio e, naturalmente, as diferentes visões sobre a transição para a Idade Média.[1]

---

1 Devo, porém, lembrar que não sou, por formação, um latinista ou estudioso de Roma. Este estudo baseia-se, pois, na literatura secundária, felizmente

Dezesseis séculos medeiam entre o colapso do Império Romano e as barbáries dos séculos XX e XXI, época que orgulhosamente denominamos “modernidade”. Não retorno à Renascença; meu fio condutor para a modernidade é a transição do absolutismo ao Estado constitucional e o progressivo entendimento de que este não teria como se esgotar no mero estabelecimento de uma nova “ordem”. Sua aspiração haveria de ser a busca de uma nova virtude, uma forma de organização que correspondesse às novidades históricas da soberania popular, do pressuposto de que os governos haveriam de ser legitimados pelo voto popular, e de que os contendores se respeitariam mutuamente nos pleitos eleitorais. No Ocidente, como sabemos, a construção dessa virtude resultou na configuração institucional, desde então designada como democracia liberal, ou democracia representativa. Supor que tal configuração possa prescindir do poder e, portanto, do recurso à força, é um equívoco a ser descartado *ad limine*, pois, o que se colima não é o desfazimento do poder e sim uma forma de organização contraposta à das ditaduras, tendo em vista o equacionamento, com o mínimo possível de recurso à força física, dos interesses materiais e ideais e dos múltiplos tipos de malquerenças que soem despontar em toda sociedade. Infelizmente, como sabemos, o tempo das democracias é também o de ditaduras, cujo espectro começa nos tiranetes caricatos que proliferam na América Latina e culmina nas formas absolutas de barbárie que têm se abatido sobre a humanidade desde a o século XX.

As substâncias de que são feitos os relatos históricos variam, naturalmente, segundo o ponto de vista do estudioso. Existe uma história econômica, uma história da arte, uma história política.

---

sólida e abundante. Imprecisões e erros que tenham persistido são, portanto, de minha exclusiva responsabilidade. Ao leitor que já possua alguma base e queira se aprofundar nessa portentosa história, recomendo enfaticamente o livro de Mary Beard, *SPQR – A History of Ancient Rome* (Liveright, 2015).

Meu principal desejo neste livro foi ressaltar os modelos a que recorremos na esperança de apreender com consistência e precisão o transcurso da história desde a antiguidade romana. Ou seja, este livro não é sobre "história" no sentido corriqueiro da palavra, nem sobre ciência política, se por tal entendermos as elaborações por vezes altamente abstratas que hoje se ensinam em todas as universidades do mundo. É sobre as duas coisas ao mesmo tempo, sempre com o objetivo de ressaltar a riqueza de seu enlace.

Outro ponto que me ocorreu foi o de que assuntos sérios não necessariamente precisam ser relatados de maneira sisuda. Pelos fatos substantivos que compõem o texto, assumo a responsabilidade; fiz um esforço considerável para assegurar a confiabilidade da exposição. Por meu estilo, não posso dizer o mesmo. Aqui e ali pode aparecer uma pilhéria, e não tenho como saber se será ou não do agrado do leitor.

Se o Império Romano teve seus dementes – Nero, Calígula, Cômodo, o século XX teve Hitler, Stalin, Mao Tsé-Tung, Pol Pot e outros, que extrapolaram o limite da brutalidade absoluta, quase inabilitando a humanidade para o reconhecimento de si mesma. Por desventura, o nome de Vladimir Putin não tardará a ser acrescentado a essa famigerada linhagem.

São Paulo, maio de 2022

1. ROMA: UM ESTADO QUASE MODERNO EM PLENA ANTIGUIDADE

A história antiga não registra um caso tão claro de rejeição ao governo de um só homem como o da República Romana. O ponto de partida de nosso relato é o ano 509 AC, que marca a expulsão do último dos reis tarquinios e a destruição de tudo o que pudesse lembrar a monarquia. Referimo-nos aqui a uma república aristocrática, ou oligárquica, como se queira, e nem poderia ser diferente naquele tempo remoto, mas durante o qual paulatinamente se firmou uma peremptória rejeição à concentração do poder em poucas mãos. Naqueles primórdios, é óbvio que a ideia de república não implicava a de igualdade social, e nem mesmo a de um indivíduo comum poder se comportar na vida cotidiana como bem lhe aprouvesse. Nada a ver, portanto, com a liberdade no sentido marcadamente individualista que viria a prevalecer na modernidade ocidental. Tratava-se de um entendimento da liberdade como pertencimento a um corpo político avesso a toda forma de tirania, significando que o Executivo (cônsul em Roma, procônsul nas províncias) era obrigado a se ater aos limites legais de sua investidura, jamais atribuindo a algum indivíduo ou grupo prerrogativas ou privilégios a que os demais não tivessem acesso, ou contra os quais não pudessem protestar. Essa referência normativa ganhou, assim, o significado de uma liberdade coletiva ou corporativa: ser livre era ser romano, e vice-versa. Ser livre era integrar como cidadão (excluídos os menores de 17 anos, as mulheres e os escravos) um corpo político regido pelo arcabouço jurídico da cidade.

Sobre as origens remotas de Roma, nem os especialistas se entendem, uma vez que os primórdios sempre estiveram encobertos por uma espessa bruma de mitos e lendas. Entre estes, o mais repetido é que a cidade teria sido fundada por Romulus no ano 753 AC. A única narrativa que merece crédito é a de que a cidade se formou a partir de sete (há quem diga oito) pequenos assentamentos nas colinas situadas às margens do rio Tibre. Numa versão sóbria, podemos admitir que essa foi a data em que tais assentamentos caíram sob o domínio dos etruscos (os reis tarquinios), que os mantiveram sob seu controle até serem expulsos em 509 AC. Embora dispersos entre várias pequenas cidades-estado e com uma população reduzida, os etruscos eram militarmente poderosos, porque a principal localidade que ocupavam, Veii, era um promontório rochoso quase inexpugnável.

Relatar essa história pela via cronológica, interligando todos os pontos relevantes, é uma empreitada que transcende por larga margem a capacidade da maioria dos estudiosos, e não por acaso muitos deles foram ficando pelo caminho. Daí minha opção por um critério mais analítico, um contraste básico por meio do qual espero chegar a uma apreciação mais consistente de certos traços modernos e, em particular, a uma ponderação realista quanto à presença da virtude e do poder no desenvolvimento das instituições romanas. Em si, o contraste a que me refiro pode ser facilmente enunciado. Por um lado, o conjunto que nos é dado perceber é o de um indecifrável caleidoscópio, uma sucessão de guerras que beira o incompreensível, algumas puramente locais, outras estendendo-se por grandes distâncias, algumas causadas por disputas por posições de poder ou pela onipresente questão agrária, e muitas, sem dúvida, por motivos fúteis, sem esquecer o recurso quase rotineiro a assassinatos como parte da luta política. Pelo outro, descortinamos a progressiva configuração de uma ideia de virtude, ou seja, o estabelecimento, mediante acordos políticos e pressões mútuas entre nobres e plebeus de uma complexa teia institucional, cuja sagacidade sempre foi reconhecida pelos estudiosos ao longo dos séculos.

Os primeiros romanos eram essencialmente agricultores, sendo a quase totalidade da terra controlada pela nobreza (patriciado), em particular pelos *equites* (cavaleiros), que constituíram o cerne do exército até o aparecimento dos *hoplitas* (infantaria, de origem grega), a maioria dos quais era composta pela camada superior da plebe. Os patrícios tinham a seu dispor mais terra do que precisavam, e cediam o resto a clientes, que assim contraíam débitos pecuniários ou, com mais frequência, vínculos de lealdade com seus patrões. Unindo-se, e aos poucos se expandindo, aqueles pequenos assentamentos dominaram o Lácio e a partir dali viriam a formar o mais poderoso Império da Antiguidade.

Os apontamentos acima levam-me a estranhar a avaliação de Gaetano Mosca, para quem um "traço original da Constituição de Roma foi o caráter consideravelmente mais aristocrático que ela manteve, em comparação com a Grécia" (p. 362). Mesmo se tivesse limitado sua comparação aos dois primeiros séculos da república romana, sou forçado a crer que ele não ponderou adequadamente o traço decisivo da evolução institucional da cidade, qual seja a ascensão dos plebeus a quase todas as magistraturas e, com o passar dos séculos, até mesmo à conquista do *intercessio*: o direito de interpelar o próprio Senado, questionando leis ou decisões que lhes parecessem tirânicas.

Vemos, pois, que a história de Roma é essencialmente a de duas ideias de virtude [utopias] *claramente delineadas e levadas à prática* – a republicana e a imperial. São duas fases bem nítidas, antes e depois de Augusto.

No Império, a ideia de liberdade passa a ser concebida como um privilégio: o orgulho de pertencer ao Império Romano. A liberdade passa a ser vivenciada como um direito "corporativo": ser romano é ser livre, mas só no sentido coletivo e em comparação com os povos subjugados. Com a "romanização" de grandes áreas, principalmente a oeste da Itália, concedeu-se a cidadania romana a um grande número de indivíduos, incluindo comunidades inteiras; com isso, a estrutura de cidade-estado do Império, conquanto preservada na forma, perdeu finalmente o seu conteúdo, com o que a cidadania romana adquiriu realmente o significado de "cidadania de um império". Os tribunos da plebe tinham realmente esse poder de *intercessio,* ou seja, podiam socorrer o cidadão ameaçado por qualquer dos magistrados e interceder para anular atos ou decisões que julgassem prejudiciais aos plebeus. A propósito, sempre é bom lembrar que o conceito de plebeu, em Roma, se contrapõe ao de patrício, não ao de pobre, pois havia muitos plebeus ricos. O Tribunato foi instituído mais ou menos por volta de 450 AC. Alguns séculos depois, com o fracasso dos irmãos Graco, que pretendiam transformar o Tribunato na magistratura suprema do Estado, o destino de Roma foi selado, pois o exército acabou substituindo o Senado como núcleo de poder e o exercício desse poder impulsionou a transformação da República em Império.

Com a expansão do Império, verificou-se a necessidade de se estender a cidadania romana aos habitantes dos territórios conquistados, o que foi feito por Caracala no século III DC.

Durante a República (e mesmo antes, durante a Monarquia), a ideia de liberdade sempre foi concebida como um privilégio do cidadão romano, que manifestava o orgulho de "pertencimento" a Roma. Portanto, em termos de cidadania, o que o Império fez foi estendê-la a um número maior de titulares, de modo que o "orgulho do pertencimento" foi, digamos assim, democratizado. O orgulho de "pertencimento" que, na República, era manifestado pelo patrício em relação ao plebeu, ao escravo e ao estrangeiro, passou, no Império, a ser manifestado pelo cidadão romano em face de quem não o fosse.

Minha segunda reflexão tem a ver com as instituições políticas romanas – com o regime –, aqui compreendidas tanto as estipulações constitucionais como os valores e símbolos que a elas se associaram em suas duas grandes fases, a Republicana e a Imperial.

Descendente, pelo que se sabe, de um antigo "conselho de anciãos" estabelecido séculos atrás, na época dos reis tarquínios, o Senado firmou-se como a autoridade máxima, à qual cabia elaborar as leis, autorizar ou não a guerra e indicar, entre seus membros, dois cônsules, que comporiam uma espécie de poder executivo dual, sem direito a recondução. Com o tempo, a investidura dos dois cônsules também se tornou eletiva, com os plebeus paulatinamente ganhando o direito de voto.

Assim, ao contrário do que escreveu Mosca, a República Romana conviveu desde o início com uma notável ascensão social e política dos plebeus, fato que deve ser compreendido em função de dois poderosos fatores. O primeiro, ao qual retornarei outras vezes neste texto, foi a questão agrária, fonte inesgotável de conflitos em vista do rápido crescimento da população, do virtual monopólio do *Ager Publicus* (as terras públicas) pela nobreza e da necessidade de sustentar grandes exércitos, problema que se agigantou, como é óbvio, à medida que a cidade-estado se transformou numa poderosa máquina militar. A nobreza (ou patriciado), embora pouco numerosa, era um grupo compacto, capaz de acumular privilégios e mais privilégios devido aos diversos recursos de poder, materiais e simbólicos que detinha. O segundo fator é a singularidade da plebe romana, talvez sem paralelo na Antiguidade. No Latim clássico, o termo *plebs* era utilizado no sentido genérico, conhecido por toda parte, designando as "massas" ou o "povo comum". Mas, não obstante, sua condição social modesta não era um grupo coeso ou homogêneo. Um certo grau de estratificação existia entre eles: uma parcela mais ou menos bem aquinhoada, provavelmente a que antes exercera ou ainda exercia algum ofício e, abaixo dela, uma ralé constituída por pessoas sem ocupação definida, extremamente vulnerável às adversidades da vida.

O que viria a distinguir os plebeus, num processo que se inicia já na segunda década da república (494 AC), foi sua espantosa capacidade de organização política. Subjugados por dívidas e por várias formas de opressão, uma parte deles retirou-se para uma das colinas da cidade, desconsiderando as punições que pudessem vir a sofrer, criaram uma assembleia – o *concilium plebis* – e escolheram seus próprios magistrados, que daquele momento em diante se tornaram conhecidos como *tribunos da plebe*. A decisão inicial foi nomear dois tribunos, mas esse número logo subiu para dez. Como escrevem Cornell & Matthews, essa organização dos plebeus "surgiu através do que os romanos chamavam *lex sacrata*, uma resolução coletiva reforçada por um juramento solene feito pelos participantes. Os plebeus juraram proteger e amaldiçoar qualquer um que os agredisse. Dessa forma, tornaram-se sacrossantos". Foi assim que a mencionada organização passou a deter um poder considerável, potencialmente revolucionário. Sua força não decorria de qualquer estipulação ou documento com força de lei, mas de sua solidariedade coletiva, fato que os patrícios foram progressivamente forçados a reconhecer como um traço fundamental na estrutura política da cidade. Consta que a arma característica da organização plebeia era a secessão, ou seja, uma forma extrema de desobediência civil, que chegou a ser utilizada cinco vezes entre 494 e 287 AC.

Voltando a Cornell & Matthews, os principais objetivos da agitação dos plebeus nos primórdios foram conseguir alívio por dívidas (que, no limite, podiam colocá-los numa condição semisservil) e uma distribuição mais equitativa dos recursos econômicos, especialmente da terra. Esta, como já se notou, foi uma fonte de incessantes tensões na história romana. Tendo em vista a já mencionada estratificação existente entre os plebeus, não descabe conjecturar que muitos deles, talvez os mais espertos, ganharam acesso às magistraturas mais por cooptação que por sua importância na organização que haviam formado. Isso pode ser facilmente admitido, mas não desqualifica o sentido democratizante da rebelião iniciada em 494 AC.

Kunkel (p. 18) explica que "numerosos cargos (magistraturas) eram meramente honoríficos. Esperava-se que seus titulares despendessem somas consideráveis em atividades de interesse público (mais tarde também para o divertimento dos cidadãos); tais despesas podiam ser cobertas por comandantes militares com os resultados de butins somente se eles saíssem vitoriosos em suas campanhas. Salários só quem recebia eram os policiais (*constables*), escreventes (*scribes*) e mensageiros, que eram meros funcionários do governo, não magistrados no estrito sentido do termo".

A necessidade de sustentar sua população e as frequentes tentativas de invasão a que a cidade se via exposta conferiu à república romana uma marcada propensão militarista e posteriormente imperialista. No terceiro século AC, toda a península já estava submetida a Roma, incluindo o *Ager Publicus*, área que se estendia, a oeste da cordilheira Aventina, da cidade ao rio Pó, essencial para a produção agrícola, geralmente dominada por nobres. Essa expansão começa a delinear a fronteira do futuro império, que séculos depois atingiria cerca de 10 mil quilômetros. Nas proximidades da fronteira, foram estabelecidas províncias, algumas apenas administrativas, incumbidas de fornecer alimentos e mão de obra à cidade, outras devidamente armadas para atuar como força subsidiária na defesa externa. No que toca à expansão territorial, há que destacar os três embates conhecidos como "guerras púnicas" (264 a 146 AC), confrontos diretos entre Roma e Cartago, sua maior rival, situada na margem oposta do Mediterrâneo. Nos primeiros tempos da república, as relações entre as duas potências foram relativamente pacíficas, se pudermos julgar pelos tratados que celebraram entre 509 e 348. Deu-se, entretanto, que tal quadro já se deteriorara de forma radical e irreversível no terceiro século AC. Um momento decisivo seria protagonizado em 218 pelo general cartaginês Aníbal, que estacionara um forte exército na Espanha. Afastado, assim, de suas bases, Aníbal deve ter antevisto a possibilidade de ser atacado pela retaguarda, tendo que enfrentar os romanos em grave desvantagem. Optou, então, por dobrar sua aposta, deslocando sua numerosa tropa pelos Alpes, cogitando ocupar a própria Roma. E, de fato, chegou às portas da cidade, mas foi rechaçado e forçado a fazer o caminho de volta. Dessa forma, se algo faltasse para aprofundar a intenção belicosa de ambos os lados, tal lacuna fora preenchida por Aníbal. A reação romana foi tomar a Sicília (até então uma província cartaginesa) e enviar contingentes importantes para a Espanha, de onde cruzou o Mediterrâneo e plantou posições na África (204 AC). Dessa etapa em diante, a terceira guerra púnica seria questão de tempo e, de fato, em 149-146, os romanos ocuparam e reduziram a escombros a antes poderosa Cartago.

Nenhum relato sobre a história institucional de Roma ficará completo se não se detiver na figura dos *ditadores*. Para bem compreendê-la, convém começarmos pelo óbvio. No mundo atual, remontando ao século XIX, esse termo designa tiranetes, caudilhos e arruaceiros, cuja principal estufa é a América Latina.

A figura do *ditador romano* nada tem a ver com as mencionadas degenerescências latino-americanas. E tampouco com os regimes autoritários ou totalitários, que por certo distam anos-luz das democracias, mas não mantêm parentesco algum com a instituição romana. Aqui emprego e sublinho, como é cabível, o conceito de instituição. Como precisamente o define Carl Schmitt, "a ditadura foi uma sábia invenção da República Romana, um magistrado extraordinário introduzido após a expulsão dos reis [tarquínios], para que em tempos de perigo houvesse um *imperium* forte, não obstaculizado (como o era o poder dos cônsules) pela colegialidade ou pelo direito de veto e de apelo ao povo [por parte] dos tribunos da plebe".

Uma análise detalhada do que realmente teria acontecido em cada *ditadura* muito possivelmente tornaria mais sóbrias as explicações de Schmitt e Maquiavel, vazadas em linguagem constitucional, sobre a figura do ditador. O caso de Cila (82 AC), que se fez nomear ditador e governou duramente para restaurar a ordem, mas principalmente com o objetivo de instaurar uma reforma conservadora e restaurar o poder do senado, situa-se a uma grande distância de tais explicações, prenunciando o significado que o termo ditadura assumiria no mundo moderno. Outro caso digno de nota é o da caça a Espártaco (73-71 AC). Ícone de uma das situações mais temidas pela nobreza e por toda a camada dirigente de Roma – a revolta de escravos. Espártaco conseguiu fugir de uma escola de treinamento para gladiadores localizada em Capua, ao sul de Roma, liderando um pequeno grupo a partir do qual, certamente recrutando centenas ou milhares de pobres insatisfeitos por várias razões, formou um exército difícil de ser batido. Nesse caso, o típico ditador não teve serventia. Para subjugar a revolta e liquidar seus integrantes com a mais extrema crueldade, foram necessárias várias expedições militares.

Ao contrário do que alguns historiadores sugerem, o processo eleitoral chegou a ter uma grande importância no mecanismo governamental de Roma. Tendo em conta que estamos tratando de fatos ocorridos há mais de dois mil anos, não preciso repisar as imperfeições do sistema, sujeito a frequentes fraudes e manipulações. Sem dúvida, a camada dirigente muitas vezes atropelava os interesses da plebe, e não raro os ocupantes de altas posições pré-selecionavam e reforçavam as chances de seus aliados, em parte neutralizando o impacto que os pleitos poderiam produzir em prol dos eleitores desprovidos de recursos.[1] Acrescente-se que

1 Max Weber (1998, p. 295) observa que a ideia de realizar eleições num campo fora da cidade foi levada à prática uma só vez e depois proibida por

a infinita complexidade da organização eleitoral – estratificada segundo a importância das ordens (nobres x plebeus), de cargos precedentemente ocupados, de participação nas forças armadas, e ainda, como é fácil inferir, da divisão da sociedade em tribos, clãs e diversos critérios simbólicos – torna sua descrição no espaço de um artigo simplesmente impraticável. Ainda assim, não há que estimar o efeito democratizante das eleições no aparelho político de Roma. Claro, só os cidadãos tinham o direito de voto, mas o número de cidadãos aumentou continuamente durante toda a república. Não somente o número de cidadãos, mas também o de cargos (magistraturas) que exigiam o voto popular: apenas 2 (os dois cônsules) no começo, 44 à medida que a república se aproximava do fim. Assim, com o correr do tempo, o cidadão romano comum ficou habilitado a votar para quase todas as magistraturas, a exclusão mais importante sendo, como já se notou, a de ditador.

Conquanto possa parecer fútil, uma questão instigante é a das diferenças e semelhanças entre as eleições da antiguidade romana e as do mundo atual. Em certos períodos, discursos formais eram mal recebidos, e houve até tentativas de proibi-los, para que os votantes pudessem se concentrar no conteúdo e não no desempenho sempre mais ou menos teatral dos candidatos, discussão que de tempos em tempos surge entre nós a propósito do chamado "programa eleitoral gratuito". Se o aprendizado dos mecanismos de participação permanece difícil na atualidade, é surpreendente constatar que tentativas de impedir a coação, a corrupção e o clientelismo chegaram a ser consideradas naqueles tempos remotos. E quem, pesquisando semelhanças, quiser rechear seu

---

lei. Daquele ponto em diante, os cidadãos das tribos rurais que não possuíam casas em Roma perderam influência nas assembleias, e esse fato se acentuou à medida que as tribos se estenderam sobre toda a Itália. Um grande número de pessoas das classes médias rurais passou a vir a Roma somente quando havia lutas acirradas, como aquelas relacionadas com os irmãos Graco.

estudo com uma nota humorística, deve fazer uma visita a Pompeia, pois lá encontrará registros até da moderníssima prática de rabiscar insultos aos adversários em banheiros públicos.

Embora possamos identificar traços modernos na antiguidade romana, não faz sentido supor que partidos políticos organizados pudessem existir naquela época. Encontramos, isto sim, uma instável divisão entre duas correntes que talvez possam ser qualificadas como ideológicas, a dos *optmates*, a parcela da nobreza firmemente alinhada com o regime senatorial e contra toda tentativa de reforma agrária, e a dos *populares*, aqueles que não provinham necessariamente da plebe, mas opunham-se frontalmente aos *optmates* na mais espinhosa questão da época, a da terra. Mais ainda, essas duas correntes delinearam-se contra o pano de fundo de uma crescente violência.

De fato, a partir de meados do segundo século AC, a república romana foi abalada de alto a baixo pelo efeito combinado dessas duas questões explosivas. De um lado, a questão agrária. Do outro, o progressivo questionamento da própria estrutura de governo. A primeira manifestou-se no período 133-121, com as tentativas de reforma feitas pelos irmãos Graco, Tibério e Caio. Embora descendentes da nobreza senatorial, ambos eram tribunos da plebe, e tinham como objetivo reformular em profundidade o regime de terras da república. A segunda decorreu da convicção cada vez mais difundida de que um império de tamanha dimensão não poderia ser governado com base na tosca, excessivamente complexa e de certa forma acéfala conformação da república. No segundo século AC, a cidade já ultrapassara a marca de um milhão de habitantes, carecendo de serviços básicos como os de polícia e saneamento, e tendo que enfrentar problemas igualmente complexos nas regiões sob seu domínio. A inadequação dos mecanismos de governo tornava-se a cada dia mais perceptível, mas os líderes, cientes da aguda rejeição à ideia de monarquia, não ousavam vocalizá-la.

Essa preocupação tornava-se ainda mais aguda em vista da iminente quebra da frágil ordem pela sucessão virtualmente incontrolável de violências. Kunkel (p. 45) explica que "os confrontos derivados da questão agrária acabariam por quebrar a dominação do senado e levar à instituição de uma monarquia. O objetivo de Tibério e Caio Graco era restaurar a base agrária do Estado republicano, tomando toda a parte do *Ager Publicus* que se encontrava nas mãos de grandes proprietários sem título legal, e dividi-la em parcelas inalienáveis, que seriam transferidas para cidadãos sem-terra (*lex agraria* de 111 AC). Levada a efeito por meios revolucionários, apoiada apenas por plebeus, tal reforma provocou uma imediata reação da camada dominante, que logo impediu os assentamentos iniciados". Beard (p. 216) opina que o violento desfecho foi precipitado pela intenção de Tibério de ser reconduzido por mais um ano à sua função de tribuno. Escusado lembrar que, àquela altura, todo político buscando popularidade tornava-se suspeito, ou era acusado, de estar agindo politicamente, tramando encabeçar uma possível monarquia, e não realmente preocupado com os pobres. Um grupo de senadores e um grupo de seus apoiadores impediram a eleição, mataram Tibério e centenas de seus seguidores a cacetadas e jogaram seus corpos no Tibre. Dez anos mais tarde (prossigo aqui com o relato de Mary Beard, p. 230-233) foi a vez de Caio Graco, irmão mais jovem de Tibério, também ele um tribuno da plebe, função para a qual conseguiu ser reeleito para um segundo mandato de um ano. O enredo é idêntico, mas Caio foi centenas de vezes mais bem-sucedido que Tibério. Entre numerosas outras iniciativas, ele conseguiu aprovação da assembleia dos plebeus para que o Estado subsidiasse, mensalmente, a venda de certa quantidade de trigo aos cidadãos. Consolidado e tendo imenso sucesso, esse programa não foi revogado, ao contrário, permaneceu por séculos, sendo Roma o único poder no Mediterrâneo a praticar de forma permanente essa modalidade de apoio às camadas mais pobres. Contudo, do ódio da nobreza e da suspeita de ambicionar a monarquia Caio não escapou. Em 121 AC, deparando-se com a oposição do cônsul Lucius Opimius, um virulento defensor do conservadorismo senatorial, Caio foi morto (ou suicidou-se para não ser morto, isso não se sabe ao certo). Aproveitando a oportunidade, Lucius Opimius mobilizou uma milícia e liquidou (segundo se afirma) mais de três mil partidários dos irmãos Graco.

O *day after* dos embates em torno da reforma agrária foi um estado de virtual anarquia. Com o Senado perdendo sua importância e não dispondo a república de outro ponto de fixação, sua dissolução tornou-se iminente. Grupos rivais passaram a disputar o poder por meios violentos, dentro e fora da cidade. Sequiosos pelos ganhos que podiam auferir com sucessivas guerras, aí compreendido o prestígio que eventualmente poderia cacifá-los na disputa pela condição de monarca, diversos generais passaram a agir por conta própria, dispensando a agora fictícia autorização do Senado e formando seus próprios exércitos, cujos integrantes sentiam-se remunerados de antemão pela promessa de butins e principalmente de terras. Cila tentara manter a força do Senado e eliminar a dos tribunos da plebe, sem êxito; mas ainda que tivesse logrado seu objetivo, a desproporção entre suas débeis reformas e a dimensão do problema com que Roma se defrontava tornara-se patente. Tratava-se, no jargão dos cientistas políticos, de um típico caso de *overextension*, ou seja, uma unidade política tentando controlar um vasto domínio sem capacidade de expandir na mesma escala seus recursos de governo.

Para reestruturar o Estado, o nome da vez seria necessariamente Caio Júlio César, respaldado pelo imenso prestígio que lhe adviera da conquista da Gália (França). As ações políticas de César não deixavam dúvida quanto a ser essa, de fato, sua ambição: concentrar o poder em suas mãos, exercendo-o na condição de monarca. Certos cientistas sociais torcem o nariz para os conceitos de valor e tradição, desconsiderando sua importância para a análise de processos políticos reais. Júlio César tinha plena consciência da força da tradição republicana, vale dizer, da rejeição, antiga de séculos, ao controle do governo e da legislação por um só homem, por isso recusou em diversas ocasiões homenagens que insinuassem nutrir ele a ambição de se tornar imperador. Tendo atingido a maior glória militar da história da república, assumia em suas aparições públicas um papel aparentado ao de um monarca populista, e mesmo ao de um pai dos pobres. Em sua tragédia *Júlio César*, notadamente no discurso fúnebre de Marco Antônio, Shakespeare captou a ambiguidade e a dramaticidade desse momento como nenhum outro dramaturgo ou historiador poderia fazer. No ano 46 AC, após derrotar o que restava das forças de Pompeu, César aceita ser nomeado ditador por dez anos pelo Senado; no ano seguinte, ele também aniquila os filhos de Pompeu e aceita ser nomeado cônsul por dez anos. A essa altura, exceto pelas formalidades, ele se tornara imperador. Estaria, com efeito, na antevéspera de aceitar formalmente a coroa quando foi assassinado, dentro do próprio Senado, por um grupo liderado por Bruto e Cássio, republicanos devotos que temiam a massa de poder que César rapidamente vinha reunindo em suas mãos. Na guerra civil que o assassinato previsivelmente haveria de provocar, Otaviano, sobrinho-neto de César, apoiado por Lépido e Marco Antônio, esmagou seus rivais, comandados por Bruto e Cássio, na batalha de Philippi (42 AC). Derrotado na batalha de Actium (31 AC), Marco Antônio foge para o Egito onde, junto com sua amante, Cleópatra, comete suicídio. Desse ponto em diante, Otaviano torna-se o líder mais poderoso de Roma, plenamente credenciado para o título de fundador da monarquia. Mas, como Júlio César, também Otaviano tinha uma clara consciência da antiga rejeição republicana à ideia do governo de um só homem. Num lance de extraordinária sagacidade política, recusou ser identificado como monarca, aceitando apenas o título de Augusto, que lhe foi conferido pelo Senado, e o de "princeps" (primeiro cidadão), daí decorrendo que o império romano entrou para a história sob a denominação de "principado".

Os dois primeiros séculos do Império tornaram-se conhecidos como a "Pax Romana". Nesse período, ele atingiu sua máxima abrangência e gozou de razoável prosperidade. Mantendo total controle sobre a cidade e sobre os governos provinciais, Otaviano (Augusto) empreendeu um ambicioso programa de reformas, imprimindo uma feição estritamente burocrática à administração civil e à organização militar e dando início a importantes obras públicas. Um traço de notável modernidade foi ter Augusto mobilizado a seu favor, conferindo-lhe grande prestígio, toda a classe artística: escultores, arquitetos, escritores e poetas, inclusive Virgílio, que homenagearia Augusto com o poema *Eneida*, uma recuperação poética (e por certo fictícia) da figura de Eneias como fundador de Roma. No campo da política prática, a construção institucional visualizada por Augusto, que seria levada avante durante os dois primeiros séculos, implicou a redução do Senado, dos cônsules e das assembleias populares a funções pouco mais que honoríficas. Dessa forma, começou a configurar-se um *imperium* benévolo e político (no melhor e mais amplo sentido desse termo) –, mas não isento de problemas, como veremos adiante.

Cabe aqui um relevantíssimo apontamento cronológico. No ano 64 AC, Pompeu conquista a Palestina, que passa a ser uma província romana. Vinte e cinco anos mais tarde, sob os auspícios de Marco Antônio, ela passa ao controle de Herodes, que a governa como rei. O ano 03 AC marca o nascimento de Jesus de Nazaré, que seria crucificado em 30 DC. Dessa data em diante, como é sabido, os seguidores de Jesus Cristo aumentam rapidamente, não obstante as inúmeras perseguições a que são submetidos. No ano 64 DC, com o império nas mãos de Nero, um notório tirano, Roma é devastada por um incêndio. Suspeito de havê-lo deflagrado, Nero trata de responsabilizar os cristãos, tendo aí início uma série de perseguições ainda mais violentas.

Constantino converte-se ao cristianismo no ano 312 DC, tornando-se imperador do Império Romano do Ocidente. Pelo Édito de Milão, compartilhado com Licínio, ele estabelece a tolerância ao cristianismo em todo o Império. Licínio tenta reinar sobre a parte leste, mas é derrotado por Constantino, que assim reunifica o império e reina como soberano absoluto, estabelecendo sua capital em Constantinopla. Esse embate dá bem a medida da expansão do cristianismo, e não por acaso ele passa a ser continuamente apontado como uma das causas da decadência do Império Romano. A Igreja é então acusada de desfibrar os valores guerreiros da tradição romana e, não menos grave, de competir com o Estado, atraindo indivíduos qualificados para sua administração.

Certos povos têm a sorte de ter seu maior líder, aquele que traçou a linha divisória entre duas épocas, sucedido por uma sequência de estadistas também dignos de admiração e respeito. Esse, em parte, foi o caso do império romano, que pôde contar com nomes como Trajano, Adriano, Antonino Pio e Marco Aurélio nos dois séculos que se seguiram à morte de Augusto. Mas essa é só uma parte, e quiçá não a mais importante da história. A dinastia julio-claudiana (27 AC a 68 DC), iniciada por Augusto, terminou com Nero. As dinastias flaviana, nervo-trajana e antonina (69-192 DC), das quais provieram Trajano, Adriano, Antonino Pio e o próprio Marco Aurélio, teve como fecho Cômodo. Nesses dois casos, vemos que o cetro máximo, que antes estivera nas mãos de homens respeitados, foi parar nas mãos de alucinados, assassinos e dementes. Mesmo sobre os "bons imperadores", incluindo Adriano e Marco Aurélio, é preciso lembrar que as estapafúrdias eulogias de Gibbon já estão ou deveriam estar sepultadas há muito tempo, sendo hoje inconcebível que alguém se proponha a estudar Roma sem primeiro estudar a crítica que lhes fez Beard (p. 401-402). Nesse trecho, Beard comenta uma passagem de Gibbon sobre os "bons imperadores": "Estes (em caracteres itálicos, conforme aparecem em Gibbon) foram governantes cujo caráter e autoridade suscitavam *respeito involuntário* e que se alegravam com a imagem da liberdade. Seu único desapontamento (...) deve ter sido saber que algum sucessor desprovido de méritos (algum jovem devasso ou tirano ciumento) não tardaria a aparecer para arruinar todo o seu legado, como quase todos os seus predecessores haviam feito no passado: o escuro e implacável Tibério, *o furioso Calígula, o débil Cláudio, o devasso e cruel Nero... e o tímido Domiciano*".[2]

A explicação para tal anomalia pode ser facilmente encontrada. O modelo político do principado resolveu o principal problema da república – sua propensão anárquica –, mas, não comportando uma solução racional para o problema da sucessão, criou outro igualmente destrutivo para o império. Como acertadamente observa Kunkel (p. 55), "dado que o poder monárquico do *princeps* tinha raízes numa ideologia política e não numa Constituição, não havia possibilidade de regulamentar juridicamente o sistema de sucessão". Onde Kunkel escreveu "uma ideologia política", poderia mais apropriadamente ter escrito "duas ideologias políticas contraditórias", a tradicional repulsa republicana à concentração do poder nas mãos de um só homem e a intenção de Augusto de efetivar exatamente isso – uma monarquia absoluta.[3]

---

2 Para distrair o leitor, Beard poderia ter aqui inserido uma nota de humor, citando o capítulo 4 (p. 91-102) de Gibbon sobre as aptidões atléticas de Cômodo.

3 Passar ao critério eleitoral e admitir o direito de oposição eram impensáveis na época de que estamos tratando, entre outras razões porque Roma não conheceu teorias políticas flexibilizadoras como a dos freios e contrapesos do mundo atual. Contando a partir de César, ela estava a 1550 anos de Althusius e Marsílio, e a 1850 de Montesquieu.

Carecendo, portanto, de instâncias que em tese pudessem respaldar um processo sucessório "estatutariamente regulado", Augusto e seus sucessores haveriam de arcar sozinhos com a responsabilidade da indicação – ou, para sermos mais precisos, da cooptação – do próximo primeiro mandatário. Restou-lhes, assim, apenas a solução de indicar um membro da família, um amigo ou alguma outra pessoa de sua confiança, devendo todos esses contar também com a aceitação dos militares. Por militares, no caso, deve-se entender não apenas o Exército, mas os exércitos, dispersos em pontos distantes da fronteira, e sempre guerreando entre si pela primazia. E com a Guarda Pretoriana, que nos dois primeiros séculos era uma figura legalmente instituída a fim de dar proteção ao monarca e a outras autoridades, mas iria com o tempo se transformar numa organização de mercenários capaz de intervir no processo sucessório, leiloando seu apoio entre os aspirantes à posição de monarca.

Para encerrar seu relato da história de Roma, Mary Beard escolheu o decreto expedido por Caracalla em 212 DC, que reconheceu como cidadãos romanos todos os habitantes livres do Império. "Uma decisão revolucionária" – ela escreve (p. 527) – "que de uma penada removeu a diferença legal entre governantes e governados, culminando um processo que vinha se desenvolvendo durante quase um milênio. Mais de 30 milhões de habitantes das províncias tornaram-se legalmente romanos da noite para o dia. Essa foi uma das maiores, senão a maior concessão de cidadania da história mundial". Cumpre ressaltar que Beard desconsidera como errônea a interpretação tradicional de que o objetivo de tal decisão teria sido ampliar a base da arrecadação tributária do Estado romano. Acrescente-se que Beard, ao escolher 212 DC como ponto final de sua reconstrução histórica, quis também definir o sentido de sua enorme empreitada: "Este livro oferece minha versão sobre a importância de Roma. O que desejo explicar é como Roma cresceu e sustentou sua posição durante tanto tempo, não como ela decaiu e se decompôs, se é que ela algum dia se decompôs".

Fato é, sem embargo, que, no século 3 DC, a questão da "decadência" do império entra definitivamente na pauta das discussões públicas, crescendo entre os setores políticos relevantes a preocupação com a corrupção e a degradação dos costumes. Nesse quadro, o reinado de Cômodo (182-194 DC), frequentemente aparece como causa e sintoma, sendo ele apontado por muitos como o marco inicial da decadência e, por conseguinte, a médio prazo, do próprio colapso do império. Mas é claro que Cômodo, por demente que fosse, e era, não pode ser tomado como uma causa isolada e nem mesmo como a principal causa da degenerescência do Império. Seu comportamento pessoal deve ser analisado em conjunção com o fato de Augusto e seus sucessores não terem sido capazes de instituir um método sucessório adequado. Por uma terrível ironia da história, Cômodo foi escolhido por ser filho adotivo de ninguém menos que Marco Aurélio, possivelmente o mais culto e humanista em toda a linhagem dos governantes romanos. Se pudermos aqui recorrer à ficção cinematográfica, vale a pena lembrar o filme *Gladiador*, um absoluto clássico da cinematografia histórica. A hipótese do filme é a de que Marco Aurélio teria preferido nomear Máximo, um general de sua confiança, mas não teria conseguido impor sua escolha a Cômodo.

Curiosamente, neste ponto o filme parece mais realista que a análise de Maquiavel no capítulo 19 de *O Príncipe*, sobre cuja agudeza não cabe dúvida, mas que tem o defeito de minimizar a inadequação do método sucessório frente ao jogo de personalidades:

> Passemos agora a Cômodo, a quem teria sido fácil manter o poder, por tê-lo alcançado jure hereditário, sendo filho de Marco, e lhe bastava apenas seguir as pegadas do pai para contentar o exército e o povo. Mas, como era de índole cruel e bestial, para poder usar da sua rapacidade contra o povo,

> pôs-se a favorecer os soldados e os tornou devassos; por outra parte, não se preocupando com a dignidade, descendo frequentemente à arena para combater com os gladiadores e fazendo outras coisas vis, pouco dignas da majestade imperial, tornou-se desprezível no conceito dos soldados. Tendo-se tornado, dessa forma, odiado por uns e desprezado por outros, conspirou-se contra ele e foi assassinado (p. 183).

Na primeira sentença, como se vê, Maquiavel evoca o que ainda lhe parecia ser a solidez política do Estado romano; diz que Cômodo poderia ter governado sem dificuldades, bastando-lhe para tanto valer-se da legitimidade inerente à sua condição de autoridade máxima, não se desviando dela em seu comportamento cotidiano. Mas o que aconteceu foi o oposto. Tendo tudo a seu favor, Cômodo transformou o orgulhoso império numa caricatura de si mesmo, embicando-o num caos pretoriano que já prenunciava o curso futuro dos acontecimentos.

Entre as "causas" da decadência, como já se notou, além da questão sucessória e do decaimento pretoriano, da ascensão do cristianismo, que levou à contraposição entre Roma e Constantinopla, a historiografia atribui grande importância à corrupção e ao desregramento dos costumes. Gibbon deixa de lado a questão sucessória, mas as demais razões citadas foram com certeza relevantes – a corrupção talvez um pouco menos.

Sobre essa questão, a literatura disponível precisaria ser mais extensamente explorada, até porque aqui nos deparamos com dois enigmas a examinar em separado, e não somente um. O primeiro é o do colapso propriamente dito do Império. Sobre as causas, Peter Heather é uma referência obrigatória. Sua crítica à literatura existente, a meu juízo corretíssima, é a de que ela tem vastamente subestimado o fator externo, ou seja, os seguidos ataques dos "bárbaros" do norte, notadamente a partir da incorporação dos visigodos pelos hunos (376 DC), da invasão e saque da cidade pelos visigodos comandados por Alarico (409-410) e, finalmente, da tomada das províncias orientais pelos hunos comandados por Átila. Esses são os episódios mais conhecidos, mas a tese de Heather é a de que os bárbaros eram mais numerosos e muito mais adestrados nas artes da guerra do que se tem normalmente suposto.

O problema é que Heather deseja matar dois coelhos com uma só cajadada. De um lado, ele quer demonstrar que a literatura não leva na devida conta o impacto das invasões bárbaras, e nisto sua visão me parece acertada. Mas defende também – e apresenta como proposição geral – a tese de que uma visão orgânico-evolucionista, sem rupturas abruptas, é mais adequada para a compreensão de transições entre sistemas, afirmação discutível, para dizer o mínimo.[4]

Para os fins desse estudo é, pois, igualmente importante realçar os pressupostos analíticos da "nova história" de Heather. Ao mesmo tempo que destaca o impacto dos ataques bárbaros, ele questiona as "causas" tradicionais, em particular a da corrupção. Afirma que não se trata de passar ao extremo oposto, mas contenta-se em afirmar que a corrupção opera em todos os sistemas políticos,[5] sendo mais ou menos inútil ressaltá-la em algum caso particular: "Dado que o fator ganhar-dinheiro não impediu a ascensão do Império, não há razão para supor que tenha contribuído fundamentalmente para seu colapso" (p. 102-103). Em seguida, ele retrata Roma como uma construção frágil, desengonçada, pintura que certamente não se coaduna com o fato de a cidade-estado ter se tornado um império imenso, que dominou

4 Na passagem do Império à Idade Média, ele escreve, "não houve uma mudança súbita, total, e este fato (exige) uma nova ênfase na noção de continuidade, na ideia de que a melhor maneira de compreender o desenvolvimento histórico dos períodos tardio e pós-tardio de Roma é considerá-lo em termos de evolução orgânica em vez de cataclisma" (p. 439).

5 Ver também Jones, 1972.

todo o Mediterrâneo e até o território hoje pertencente à França. O contraste com o estudo de William Manchester não poderia ser mais frontal. *Um mundo iluminado somente pelo fogo*: esse título não deixa dúvida quanto à intenção de contestar de alto a baixo a noção de que a Idade Média teria sido um resultado paulatino, evolutivo, natural, do colapso do Império. Seu ponto de vista é o de que, com o colapso do Império, logo após o ano 400 DC, a longa noite da Idade Média baixou sobre toda a Europa. Para aquilatar o grau em que Heather subestima a grandiosidade de Roma, bastaria mencionar a criação e a uniformização da língua latina e do direito romano, que permanecem relevantes em nossa era, mas, para economizar espaço, vou me limitar às impressionantes realizações dos engenheiros romanos e ao desgaste que elas sofreram durante a Idade Média. Referindo-se à primeira metade do segundo milênio, Manchester (p. 5) observa que "mudanças climáticas extraordinárias provocaram tempestades e enchentes absolutamente desastrosas, uma vez que todo o sistema de drenagem construído pelos engenheiros romanos – na verdade, toda a infraestrutura – deixara de funcionar. [Ainda assim], no ano 1500, como consequência de um milênio de negligência, as estradas construídas pelos romanos eram ainda as melhores do continente. A maioria das demais já não era utilizável, tal o estado de abandono a que haviam sido relegadas, tendo a maioria dos portos permanecido na mesma situação até o século oito, quando o comércio pouco a pouco começou a ser retomado". Igualmente ilustrativa é uma obra romana no crítico campo da alimentação. Desde o primeiro século de nossa era, escreve Braudel (p. 270-275), os engenheiros começaram a introduzir alterações "geniais" nas técnicas de moer trigo. Seguindo suas inovações, no século 4 DC, os romanos constroem no sul da França, perto de Arles, o moinho de Barbegal, o maior complexo industrial da Antiguidade. O trigo moído pela força hidráulica trazida por um aqueduto ao longo de dez quilômetros esmagava, numa jornada de dez horas, trigo suficiente para alimentar 80 mil pessoas.

Engenharia à parte, como sustentar durante séculos um território cercado por uma fronteira de 10 mil quilômetros, alimentar uma cidade que nas últimas décadas da República já ultrapassara um milhão de habitantes e manter alguma ordem numa unidade política que chegou a ter 15 milhões de habitantes – excluindo as mulheres e os escravos? Durante a República e no Império, o que vemos em Roma é, sem dúvida, em que pese a onipresença da violência, a mais importante experiência de construção institucional do mundo antigo. O oposto, sem sombra de dúvida, da Idade Média, quando aglomerações separadas entre si por pequenas distâncias chegaram a desenvolver variações dialetais do idioma geral. Por esse ângulo, não é exagero afirmar que a cidade-estado, que pouco a pouco se formou às margens do Tibre, bateu às portas da modernidade numa época em que nada sugeria tal possibilidade.

2. A REALIDADE DA POLÍTICA NA ERA MODERNA

Espero ter demonstrado no capítulo anterior que Roma esteve perto de inaugurar a modernidade. O avanço que realizou em diversas áreas e a extensão de território que conquistou não têm paralelo no mundo antigo. Que fatores a impediram de prosseguir em sua ascensão? Penso que as razões são basicamente de ordem política.

O advento do principado, com Augusto, resolveu um problema – criou um poder central consentâneo com a imensa dimensão que a República atingira –, mas criou outro: o da sucessão. Não dispondo de uma fórmula constitucional capaz de ordenar a transição de um mandatário supremo ao seguinte, a sucessão dificilmente poderia se processar de uma forma pacífica e dissociada de estreitos vínculos pessoais. Em retrospecto, não é difícil entender que essa fórmula só poderia ser encontrada no contexto de uma monarquia na qual o poder executivo fosse exercido por um magistrado legitimado por um processo eleitoral fidedigno, ou seja, no contexto de uma monarquia constitucional e parlamentar, antecipando em quase dois mil anos a invenção da democracia. Não tendo atinado com essa possibilidade, as elites romanas deixaram-se arrastar para a decadência e o colapso, resvalando para o que Manchester designou como "um mundo iluminado apenas pelo fogo" – vale dizer, para a Idade Média.

Acatarei de bom grado a objeção dos leitores que considerarem fantasiosa a hipótese exposta no parágrafo anterior. De fato, falo de uma época em que a própria política como atividade regular e pacífica era intermitente, tal a frequência de conflitos armados. Qualquer potentado formava seu próprio exército; pancadarias e mesmo assassinatos ocorriam sob qualquer pretexto, e não era raro os próprios protagonistas das disputas participarem de matanças. Em Roma não existia uma polícia capaz de sobrestar tais violências.

Época – se quisermos ir mais longe – em que organizar um sistema eleitoral na escala necessária (sobretudo depois da extensão da cidadania a todo o Império por Caracalla, em 202 DC) seria uma tarefa hercúlea. Quem afiançaria o acesso normal de cada cidadão às urnas? Quem contaria os votos? E quem garantiria o respeito mútuo entre os contendores e a aceitação dos resultados? Tudo isso deve ser dado de barato, afinal estamos falando de realidades que remontam a 500 anos antes da era cristã.

O problema com o argumento acima é que ele pode ser facilmente invertido. Supondo que algum filósofo ou poeta tivesse naquela época a capacidade de imaginar o futuro – e supondo que houvesse então uma clara ideia de progresso –, como pintaria ele o que hoje chamamos de modernidade? Imaginaria que diversas potências europeias e os Estados Unidos iriam praticar a escravidão em larga escala até o século XIX? Que as duas guerras mundiais devastariam a Europa, deixando cerca de 100 milhões de mortos? Deixando de lado a China – para manter este livro dentro da dimensão planejada –, iria esse nosso filósofo ou poeta imaginar o genocídio, que Babeuf afirma ter começado na guerra da Vendeia, durante a Revolução Francesa? Imaginaria a escala do horror perpetrado na Ucrânia a mando de Stalin no inverno de 1932-33, o *holodomor* ("deixar morrer de fome")? Tudo sem esquecer a atrocidade nazista levada ao paroxismo – o holocausto –, legado maligno que a culta Alemanha legou à humanidade?

Meus leitores haverão de concordar comigo que nosso planeta não tem pela frente um futuro brilhante, ainda mais considerando que o ano de 2022 começou com mais uma agressão em larga escala da Rússia contra a Ucrânia. Até o surgimento da filosofia de Augusto Comte e do livro *O conceito de progresso*, de seu discípulo J.B. Bury, publicado em 1920, era generalizada a crença de que o mundo greco-romano não conhecera a ideia de progresso; esta seria uma noção essencialmente moderna, constituída a partir da Renascença e sob a importante influência do cristianismo. A decisiva contestação dessa teoria por Edelstein empresta plausibilidade à tese que defendi acima, ou seja, a de que o mundo moderno talvez seja mais bárbaro que o antigo. Um salto do Império Romano a uma monarquia parlamentar parece-me mais plausível do que constatar o que aconteceu com milhões de homens, mulheres e crianças que desembarcaram como gado dos trens que aportavam em Auschwitz-Birkenau. Contudo, deixarei para os filósofos, helenistas e romanistas o debate erudito em torno da ideia de progresso e retomarei apenas as noções de "ordem estatal" e "regime", com o objetivo de proporcionar ao leitor uma visão de conjunto da modernidade no século XX e até agora no XXI.

Estado, ordem estatal e regimes

Empenhado em escoimar de sua reflexão qualquer vestígio de Aristóteles, Weber rejeita toda tentativa de entender o Estado através dos *fins* que ele supostamente realiza ou se propõe realizar, afirmando peremptoriamente que uma concepção objetiva do Estado, no mundo moderno, deve se ater ao meio específico de que ele se vale, qual seja, o monopólio do emprego legítimo dos meios de violência.

Incorrendo numa audácia quiçá excessiva, atrevo-me a dizer que Weber joga fora o bebê com a água do banho. Prefiro a formulação mais geral, segundo a qual política é a luta por influência e poder que existe em toda sociedade; nesse sentido, podemos dizer que ela é "eterna" e universal. Mas, ao menos em uma pequena medida, tal definição precisa ser "aristotelizada", sob pena de equipararmos a política a um jogo de cabra-cega, no qual cegos armados se matam mutuamente sem atinar porque o fazem. Em última análise, alguma ordem pode existir em qualquer latitude, mas ela só se torna virtuosa quando se materializa como instituições, vale dizer, organizações estáveis, que recorrem à força e a outros recursos com o objetivo de equacionar os conflitos que soem emergir a qualquer momento com o mínimo possível de violência ou destruição. Ou seja, eterna e universal, a política só se dá a conhecer através das objetivações ou formas concretas que assume ao longo da história, e entre estas é imprescindível destacar não só as burocracias ou máquinas de Estado, mas também os *regimes*.

Estados não são eternos. São, como sugeri, objetivações ou decantações do trabalho e das criações culturais e intelectuais de sucessivas gerações, preservados num território demarcado por fronteiras fixas, na forma de instituições (códigos jurídicos, organizações, como os judiciários e parlamentos, e padrões culturais, compreendendo tradições, memórias, entendimentos tácitos ou explícitos, aos quais os cientistas políticos se referem em conjunto como "cultura política").

Materialmente, o Estado é um arcabouço, o "setor público", organização integrada por numerosas agências permanentes de governo, como os ministérios, os tribunais, as casas legislativas, a administração civil e militar. É, portanto, um aparato que *controla imperativamente a sociedade*, que mantém a "ordem", mas que normalmente não se confunde com ela, nem a recobre totalmente. Não por acaso, Weber refere-se à "validade de uma ordem", indicando tratar-se de uma questão de grau. Em sociedades civilizadas, o Estado não estabelece *sponte sua* as prioridades, o alcance das ações que se imponham como necessárias, e muito menos o âmbito dentro do qual o recurso à força poderá ser considerado legítimo. Tais funções incumbem também, ou até mais, ao regime. *Regime* é o termo a que recorremos para comparar países ou diferentes fases na vida de um país quando o critério relevante é o grau de coerção que a máquina estatal exerce sobre a sociedade ou, dito de outro modo, os limites dentro dos quais o setor "público" interfere no setor "privado", ou ainda, o grau em que o "governo" pode legitimamente controlar a sociedade em geral – as associações, famílias e indivíduos. *Segue-se que a ideia de regime diz respeito às ações empreendidas por um governo ou sucessivos governos no sentido de aumentar ou diminuir o grau de controle, coerção e repressão sobre a sociedade.* Se, nesse aspecto, um governo implementa mudanças substanciais, promulgando (ou suspendendo) leis e decretos, aumentando (ou diminuindo) a vigilância sobre indivíduos e grupos, intensificando (ou reduzindo) a coleta de informações e as ações de inteligência, dizemos que ele está *alterando* o regime. Tais alterações podem ocorrer por alguns dias apenas, durante emergências, ou perdurar por períodos até mais longos que o governo que as implanta. Recapitulando, governos são temporários e facilmente reconhecíveis. Estados e regimes são decantações históricas, portanto mutáveis, mas normalmente duram muito mais que os governos.

Tipologia de regimes

Esquematicamente, podemos distinguir quatro tipos de regimes. Primeiro, a *democracia representativa.* No descuido das discussões cotidianas, democrático seria o país onde só coisas boas acontecessem. Onde a pobreza extrema não existisse, as desigualdades fossem toleráveis e a riqueza nacional produzida a cada ano fosse suficiente e adequadamente distribuída para assegurar o bem-estar de todos. Lamentavelmente, tal democracia teria, quando muito, a duração de um sonho. Num enunciado mais sóbrio, democracia é um arcabouço institucional racionalmente instituído com o objetivo de equacionar os conflitos com o mínimo possível de recurso à força. Segue-se que a democracia não é um ponto de chegada, uma condição na qual a sociedade possa usufruir com tranquilidade os bens e serviços que terá acumulado ao longo de sua história. Bem ao contrário: a democracia não pressupõe a abundância ou a igualdade social; ela nasce em sociedades desiguais e se fortalece e ganha raízes à medida que "trabalha" ou corrói a *preexistente* estratificação social (Lamounier, 2021, cap. 9). Não existe atualmente, e nunca existiu, democracia alguma que tenha se iniciado numa sociedade marcadamente igualitária. Todas tiveram início num combate renhido contra a íngreme estratificação das sociedades preexistentes. Ou seja, a democracia não se configura após a solução dos conflitos, mas à medida que os grupos contendores aquiescem em tentar equacioná-los de maneira pacífica.

No sentido acima, o conceito de democracia tem duas faces. Trata-se, por um lado, de um sistema político pluralista, no qual o acesso legítimo a posições de autoridade pública se dá mediante eleições limpas e livres, periodicamente previstas, sendo o direito de voto facultado à maior parte da população adulta; e, pelo outro, de um sistema no qual os governos governam e se mantêm *accountable* graças a restrições constitucionais – desde logo, à separação de poderes – e a um complexo mecanismo de pressões cruzadas, competitivas, continuamente acionado pelos partidos políticos, por organizações econômicas, profissionais, educacionais, religiosas e outras, e de modo geral pela opinião pública, expressando-se esta através de uma imprensa livre e crescentemente através de redes sociais. Ou seja, uma vez investidas nas posições para as quais se elegeram, as autoridades ficam sujeitas a um processo de constante escrutínio, a ações competitivas exercidas por uma variedade de grupos e associações e, no limite, à possibilidade de serem legalmente afastadas: pelo *impeachment*, no presidencialismo, e pelo voto de não-confiança, no parlamentarismo (Janowitz & Marvick).

Lembremo-nos de que o Segundo Pós-Guerra – construído sobre os escombros do nazifascismo – alimentou a esperança de uma aceitação do regime democrático liberal por muitos países, esperança que se acentuou nas últimas duas décadas do século, mercê do colapso da União Soviética e de seus satélites no Leste Europeu. Hoje temos que admitir que tal fortalecimento talvez tenha sido só um breve momento. Desde os regimes autoritários (distintos dos totalitários) dos anos 60 e 70 que se constituíram principalmente na América Latina, o avanço da democracia não se manteve de maneira contínua e com o esperado vigor, bastando lembrar, a título de ilustração, os regimes ditatoriais de Cuba, da Venezuela e da Nicarágua, as fraturas políticas que se vêm manifestando mesmo nos Estados Unidos, em função da radicalização entre os dois grandes partidos e a recidiva racista, além de líderes que abertamente se declaram "iliberais", como Viktor Orbán, primeiro-ministro da Hungria, Recep Erdogan, presidente da Turquia, e Narendra Modi, primeiro-ministro na Índia.

Em segundo lugar, temos as ditaduras primitivas, uma típica especialidade latino-americana. Os motivos para sua implantação podem variar, mas o processo é invariavelmente um golpe de Estado mediante o qual um tiranete qualquer, apoiado por sua polícia pessoal ou pelo Exército, cuja fidelidade é geralmente comprada por alguns dobrões de ouro, assumem o poder Executivo, fecham o Legislativo, suprimem os partidos políticos e o processo eleitoral, e reprimem com extrema violência qualquer grupo que tenha a veleidade de se apresentar como oposição. Em meados do século XX, os principais protagonistas dessa grotesca história eram Anastasio Somoza (Nicarágua), Fulgencio Batista (Cuba) e Alfredo Stroessner (Paraguai), que permaneceram no poder por dilatados períodos. No último meio século, a crescente interdependência econômica entre países e a maior presença de organizações internacionais na vida doméstica de cada um deles dificultaram em certa medida a emergência dessas pequenas tiranias, mas é cedo para celebrar, pois ainda agora na terceira década do século XXI, vemos a Nicarágua sob Daniel Ortega, useiro e vezeiro em recorrer à violência contra seus opositores, e a Venezuela sob Nicolás Maduro, lídimo descendente de Hugo Chávez, que tentou se distinguir dos tiranetes comuns propagando a farsa pseudo-ideológica da "revolução bolivariana". Cuba pode ser vista como um caso desengonçadamente limítrofe, pois combina elementos das ditaduras primitivas com forte traços de regimes totalitários – o sinistro ápice de nossa classificação, ao qual retornaremos adiante.[1]

Regimes autoritários

Mantendo-me rente à tipologia sugerida por Juan Linz, que remonta a seu seminal estudo sobre a Espanha, temos o regime denominado "autoritário". Descartando a pretensão de neutralidade valorativa outrora cultivada por Weber e por grande parte da ciência política contemporânea, Linz propôs-se como tarefa reorganizar analiticamente o estudo das democracias representativas, concentrando-se, pois, mais no "regime" que na simples "ordem estatal". Nesta linha, o foco da inquirição desloca-se para a ideia de *breakdowns* – vale dizer, de retrocessos e rupturas – no pressuposto de que nenhum regime se mantém estável automaticamente ou graças a algum fator externo (nem mesmo graças à economia, como em certa época se chegou a pensar), frisando que a ruptura de um regime democrático o remete inexoravelmente à condição de ditaduras primitivas ou de regimes autoritários.

---

1 A *Economist Intelligence Unit*, entidade vinculada à revista *The Economist*, realiza anualmente um útil trabalho de acompanhamento em cerca de 160 países. No que concerne a uma eventual comparação com o presente trabalho, há, infelizmente, um problema insolúvel, uma vez que a EIU não utiliza o conceito de regime e sim uma classificação de todos os países segundo seu grau de "democraticidade", no pressuposto de que mesmo países manifestamente autoritários ou ditatoriais podem ter algum traço democrático, cabendo, pois, atribuir-lhes posições num ranking geral.

O substantivo "autoritarismo" é empregado numa estonteante variedade de acepções, inclusive na ciência política. Na Europa, por exemplo, muitos estudos foram publicados nas últimas duas décadas frisando uma tendência (suposta ou imaginária) entre os cidadãos a aceitar governos "fortes" como reação a processos que lhes parecem ameaçadores, notadamente o rápido aumento do número de imigrantes do Oriente Médio e da África. Permitam-me, pois, repetir que esse não é o significado que interessa ao presente estudo. Empregarei o termo para designar um marco institucional, ou seja, um tipo de regime. Os regimes autoritários contrapõem-se de maneira frontal às democracias representativas por serem uma das várias formas de ditadura ainda existentes no mundo atual. E distinguem-se do que denominei ditaduras primitivas, uma vez que seu habitat natural são países relativamente desenvolvidos do ponto de vista econômico, sociedades mais complexas e dotadas de uma administração pública e, como consequência, de instituições relativamente fortes. Num típico regime autoritário, é praticamente inconcebível o governo reduzir a zero a capacidade de ação da oposição, ou liquidá-la por completo. Ao contrário, há casos muito claros (o regime militar brasileiro de 1964-85, por exemplo) em que o núcleo detentor do poder optou por manter em certa medida o processo eleitoral – o que não o impediu, como é óbvio, de recorrer à cooptação de representantes que lhes assegurassem uma fachada de maioria no parlamento, a inventivas manipulações e mesmo a violências e torturas. Ainda assim, quanto ao caso brasileiro, é necessário ressaltar que o retorno ao regime civil foi essencialmente uma "abertura através de eleições", uma vez que, através de sucessivas vitórias parciais, o partido oposicionista (MDB) logrou a maioria no Colégio Eleitoral, arena estabelecida pelo alto comando militar com o objetivo de impedir o acesso de oposicionistas à Presidência da República. Escusado dizer que tais regimes são suscetíveis a sístoles e diástoles, endurecendo ou relaxando seus controles conforme os riscos que percebam em diferentes conjunturas. Uma evidência de que são obrigados a (ou optam por) conviver com instituições relativamente fortes é o fato de tolerarem certa massa de manobra no Legislativo e no Judiciário, mesmo em momentos de endurecimento. Um ponto importante posto em relevo por Juan Linz é o de que tais regimes não têm propriamente uma ideologia, mas sim uma mentalidade característica, vale dizer, um conjunto de crenças e símbolos desprovido de elementos teleológicos ou que sinalizem alguma intenção de intervir na estratificação social. Em um apanhado histórico apenas ilustrativo, é razoável afirmar que as primeiras ocorrências claras de regimes autoritários foram o de Pilsudski (1926-1935) na Polônia e o de Engelbert Dollfuss, austríaco, assassinado, ao que tudo faz crer a mando de Hitler, porque pretendia erigir um regime autoritário como bastião contra o hitlerismo. O regime autoritário de António Salazar em Portugal começou em 1933 e durou quarenta anos, até 1974. O "franquismo" espanhol de Francisco Franco resultou da guerra civil de 1936-1939. O Estado Novo brasileiro (1937-1945) levanta uma dúvida importante. Os fatos políticos são bem conhecidos: tratou-se claramente de um autogolpe, meticulosamente planejado para neutralizar a eventual resistência dos "integralistas" (fascistas) de Plínio Salgado. Outorgada a Constituição de 10 de novembro, que suprimia todos os partidos e todo o processo eleitoral, Getúlio assumiu por completo o controle da máquina de governo. Penso, nesse sentido, que o Estado Novo calha melhor na categoria das "ditaduras primitivas" que na dos regimes autoritários. Admito, porém, que a complexidade do preexistente processo de construção institucional brasileiro, que remonta a meados do século XIX, bem como o volume e a diversidade da economia brasileira, muito maiores, digamos, que os equivalentes cubanos do tempo de Fulgencio Batista, sugerem uma reflexão mais detida. Acrescente-se que, na cúpula do Estado Novo, havia expectativas conflitantes a respeito da guerra, uma facção nutrindo simpatias pela Alemanha nazista e outra favorecendo os Aliados. Quando, finalmente, em 1942, o Brasil entrou na guerra, cedendo uma base aérea aos Estados Unidos no Rio Grande do Norte, e enviando uma Força Expedicionária para o combate na Itália, os espaços domésticos para manifestações contrárias à ditadura logo se ampliaram. Em 1943, o Manifesto dos Mineiros, documento assinado por políticos e intelectuais, exigiu o restabelecimento da democracia. Decorridos nove anos, Getúlio Vargas foi afastado do poder pelos militares, que o pressionaram a convocar eleições e uma assembleia constituinte. Quanto ao regime militar de 1964-1985, embora tenha durado mais que o dobro do Estado Novo, não cabe dúvida de que se encaixa perfeitamente na categoria dos regimes autoritários, e não na das ditaduras primitivas.

Regimes Totalitários[2]

Recorrendo à expressão de Hannah Arendt, estamos aqui falando de sistemas que aspiram à dominação total, ao controle absoluto não só dos processos políticos, mas de toda a sociedade e de seus subsistemas, como a economia e a cultura, não se abstendo sequer de uma estreita vigilância sobre a vida associativa e a das famílias e indivíduos. Não se requer maior esforço para compreender que um sistema dessa natureza é uma ditadura escancarada, tendo em seu ápice um ditador, que pode ser um indivíduo ou um comitê, que só pode concentrar tamanho poder se contar com a obediência cega de um partido político vertical e monopolista, uma polícia secreta, uma intervenção abrangente

---

2 O ponto de partida obrigatório para a análise dos regimes totalitários é a obra de Hannah Arendt, *Origens do totalitarismo*. Mas a literatura é imensa, sendo também aconselhável complementá-la pelo menos com Evans e Bracher.

sobre a economia e uma ideologia alucinadamente teleológica (o "Reich de Mil Anos" concebido por Hitler, a "sociedade sem classes" da filosofia marxista), tudo isso amalgamado pela contínua atuação de uma máquina de propaganda e terror e por uma disposição ilimitada a assassinar opositores reais ou imaginários.

A engrenagem descrita no parágrafo anterior é basicamente a mesma em todos os regimes totalitários, mas cabe citar aqui alguns pontos adicionais e frisar algumas diferenças relevantes que se registraram na conformação deles. Um ponto adicional de fundamental importância, sublinhado por Hannah Arendt, é o de que tais regimes não podem prescindir da mentira. Um caso especialmente indigesto foi a denúncia dos crimes de Stalin feita em 1956 por Kruschev no 20º Congresso do PC da URSS. Como não poderia deixar de ser, a denúncia provocou um enorme abalo na política dos países comunistas, mas Arendt lembra que Kruschev foi parceiro de Stalin desde a tomada total do poder por este em 1929, com o objetivo de transformar o Estado socialista de Lênin num Estado marcadamente totalitário. Aí está, visível a olho nu, a raiz da grande mentira. Ao denunciar os crimes de Stalin, Kruschev se autoanistiou e, mais importante, estendeu um manto de anistia sobre o caráter totalitário de toda a experiência stalinista. Outro ponto que diferenciou o trabalho de Hannah Arendt da maior parte da literatura foi a lupa com que ela examinou os *dramatis personae*, vale dizer, o caráter dos principais protagonistas. Todo regime tem gente ruim em seu ápice, mas nada se compara à frieza e crueldade com que os dirigentes totalitários se desincumbiam de suas tarefas, como que desconhecendo pura e simplesmente a existência do "outro". Essa é a essência do que ela designou como a "banalização do mal".

No que concerne a diferenças entre as experiências totalitárias, é certo que elas começaram a surgir no campo estratégico-militar em 1962, por ocasião da cisão sino-soviética, quando a China pretendeu exportar para todo o mundo uma estratégia revolucionária radical, pintando a URSS como um regime acomodatício. Diferenças não menos marcantes emergiram no tocante ao controle da economia pelo Estado: enquanto Cuba ainda hoje se aferra a um modelo anedótico, recusando autonomia a empresários em setores da mais ínfima importância, a China e o Vietnã fazem o oposto, mantendo um rígido controle sobre a política, a cultura e as comunicações, mas outorgando à economia uma margem de autonomia que não desagradaria aos Chicago Boys da era de Pinochet no Chile. Mas nem todas as diferenças que aparecem entre e dentro de tais regimes resultam do voluntarismo dos dirigentes. Casos há em que mesmo a pretendida homogeneidade ideológica expõe fendas profundas, aproveitadas por diferentes setores interessados em aumentar sua influência na escala do poder. Um caso sinistramente ilustrativo foi o dos programas populacionais – a chamada eugenia – postos em prática na Alemanha entre 1933 e 1939, ou seja, entre a ascensão de Hitler ao poder e a invasão da Polônia, que deflagrou a Segunda Guerra Mundial. No início, com o objetivo de "purificar a raça ariana", o que se pretendeu foi impedir que contingentes de "raças inferiores" se perpetuassem pela hereditariedade, entendimento esse que embasou um extenso programa de castração obrigatória (e certo número de assassinatos) entre os "indesejáveis". Como escreve Evans (p. 714):

> No essencial, o regime recorreu à esterilização para esmagar certas áreas da sociedade que não se conformavam com o ideal nazista do novo homem ou da nova mulher, em sua maioria membros das camadas miseráveis, pedintes, prostitutas, vagabundos, enfim, pessoas que não queriam trabalhar, mesmo graduados de orfanatos e escolas de reaprendizagem, favelados e gente que vivia na rua. Gente que era inócuo tentar atrair para a Juventude Hitlerista, alistar nas forças armadas,

> convocar para agitar bandeiras no dia do aniversário do líder, ou para aparecer no lugar de trabalho todos os dias na hora certa. [Em 1933], uma nova lei autorizou o regime a penetrar na mais íntima área da existência humana, a da sexualidade e da reprodução, um poder que posteriormente passaria a ser aplicado aos judeus e, com efeito, potencialmente, a qualquer alemão adulto.

Entretanto, em meados dos anos 30, a atmosfera se alterou. Médicos que antes haviam endossado sem rebuços os programas de esterilização começaram a se perguntar se a crença na suposta ciência da eugenia não estaria sendo levada longe demais. Em torno de 1937, membros do governo começaram a ficar alarmados com o declínio da taxa de natalidade alemã, prejudicial à indústria e às forças armadas, tendência que remontava ao início do século. Deflagraram então uma virada de 180 graus, pregando a volta das mulheres para casa e o máximo possível de procriação. Os círculos mais conservadores pretendiam que a procriação fosse incrementada dentro dos critérios alemães tradicionais, mas os nazistas propugnavam medidas radicais: procriação de qualquer jeito, sem abrir mão do objetivo de pureza racial. No que tocava à rejeição dos cristãos e em especial à dos católicos, Evans (p. 715) é de uma meridiana clareza: "a política de higiene racial já implicava ignorar toda a moralidade cristã tradicional e sua substituição por uma ética que concebia o bem e o mal somente em termos dos interesses coletivos da raça alemã". Médicos empenhados em formular a nova ideologia nazista afirmavam que a questão em jogo era o embate entre o "obscurantismo religioso" e o "iluminismo científico", embate que o segundo fatalmente venceria. De fato – ainda Evans –, "foram poucas as áreas em que o tradicionalismo conservador e o modernismo nazista se chocaram com tanta clareza como nas atitudes do regime em relação às mulheres, ao casamento e à família", tudo isso envolvendo não apenas o que os nazistas chamavam de "princípios científicos de política social, mas também a já mencionada preocupação com a necessidade de mão de obra para a economia e de homens aptos para o combate, reclamados pelas Forças Armadas.

Holodomor

Como indiquei acima, coube a Hannah Arendt ressaltar a frieza e a crueldade com que os governantes totalitários se desincumbiam de suas tarefas. A partir do segundo semestre de 1935, o antissemitismo seria adotado como pedra angular da política nazista em relação aos judeus. Com base em leis que começaram a ser aprovadas em 1933, tal objetivo tornou-se taxativo – excluir os judeus de todas as áreas da vida social alemã: da economia, do serviço público, das universidades e tudo o mais.

Não nos esqueçamos, porém, de que coube a Stalin inaugurar a técnica totalitária do massacre em massa. No inverno de 1932-1933, ele ordenou uma ação militar meticulosamente planejada na Ucrânia, cujo objetivo não poderia ser mais claro: confiscar todo o trigo e deixar morrer quem não tivesse outro meio de sobrevivência. Estima-se em três milhões os mortos pela fome, mas, para bem visualizar a escala da matança, convém lembrar que um número não determinado de pessoas chegou ao canibalismo. Tortura e fuzilamento de grupos de pessoas amontoadas em valas também compunham o quadro. Inicialmente, Stalin ordenara um confisco do trigo ucraniano por quotas – algo como a *devassa* do ouro que daria ensejo a certa resistência e culminaria no enforcamento de Tiradentes em Ouro Preto. Contudo, em agosto de 1932, o governo soviético convenceu-se da ineficácia desse método, em parte também porque a colheita fora inferior à do ano precedente e os ucranianos faziam de tudo para reter a parte de que necessitavam para sua própria alimentação. A partir de agosto, Stalin decreta o que veio a ser conhecido como o *Holodomor*, o "deixar morrer pela fome", que adentrou pelo inverno de 1932-1933. Foi essa ação que tornou o termo *Holodomor* conhecido pelo mundo afora, adotado como títulos de livros e de películas cinematográficas. Punições severas, inclusive milhares e milhares de execuções, tornaram-se rotineiras na maligna empreitada de impedir os ucranianos de se apossarem de "propriedade soviética". Acrescente-se que, sendo então parte da URSS, ela tinha seu próprio Partido Comunista, que se esquivava, sempre que possível, de aplicar as crueldades determinadas por Moscou.

Como escreve Forest (1985), alguns eram piores que outros. Em certos casos, eles tentavam ser generosos, deixando algumas batatas, ervilhas ou espigas de milho para a alimentação das famílias. Os mais estritos faziam uma limpeza geral. Pegavam não só alimentos e gado, mas também tudo o que encontrassem de valor e peças de roupa (nas residências e igrejas), incluindo ícones em suas molduras, samovares, tapetes pintados e até utensílios metálicos de cozinha, conjecturando que pudessem ser de prata. E todo dinheiro que encontrassem, como é óbvio.

Todos esses objetos eram vendidos a russos mais ricos e a antiquários. Um aspecto do totalitarismo que nem sempre recebe a devida atenção é que ele se manifestava no atacado e no varejo, quero dizer, em grandes surtos de violência, no enquadramento ideológico de categorias inteiras, como advogados, cientistas e escritores, mas também em questões que regimes normais deixariam passar como normais. Do varejo, um caso exemplar é o de Alexander Soljenítsin. Professor de matemática, capitão de artilharia, filho do autor de um dos livros didáticos de física mais usados no país, ele teve interceptada uma carta dirigida a um amigo. A carta continha um comentário jocoso a respeito de Stalin – não sei qual foi a expressão exata, mas cogito que tenha sido algo como "um velho incompetente", ou "um velho gagá". Por essa anedota, Soljenítsin foi agraciado com onze anos de detenção num campo de trabalhos forçados, o famigerado Gulag. Em seu magnífico *Ideologies and Illusions* (1976), Adam Ulam escreve que "o terror começou a ser praticado imediatamente após a revolução, como um instrumento na guerra de classes, para depois, imperceptivelmente, se transformar numa técnica de profilaxia política. Criar uma 'civilização' baseada no terror seria a inspiração de Stalin".

Outro "varejo" que não pode ser esquecido é o caso do físico Andrei Sakharov, o cientista que se transformou em dissidente e, como tal, um dos artífices do fim da URSS. Físico brilhante, ele integrou no pós-guerra uma equipe encarregada da estratégica missão de desenvolver a bomba de hidrogênio. Enquanto permaneceu nessa função, ele entendeu o mundo exatamente como o apresentava a posição oficial do governo, segundo a qual a paridade militar com os Estados Unidos era a única garantia da paz mundial. Sua estreia como contestador deu-se aos 36 anos (1957-1958), quando resolveu criticar certos disparates do ensino superior de matemática, mas até então não tinha motivos para questionar o sistema soviético como tal. O rompimento veio quando ele decidiu estender suas discordâncias às determinações de Kruschev na área nuclear. Convencido de que testes na atmosfera não eram necessários do ponto de vista científico, que apenas aguçariam a corrida armamentista e aumentariam os riscos da precipitação radioativa, pleiteou o cancelamento dos testes, pleito não aceito por Kruschev. Desse ponto em diante, sem ser formalmente processado, ele é exilado na distante Gorky, onde será mantido por seis anos em prisão domiciliar.

É difícil afirmar com segurança quando Hitler começou a pensar na "solução final", ou seja, na eliminação total dos judeus da Alemanha e eventualmente de toda a Europa. Observe-se, entretanto, que experiências com campos de concentração tiveram início logo nos primeiros anos do regime hitlerista, tendo como alvo, sobretudo, os comunistas e os social-democratas. Um modelo mais definido ganhou forma quando Heinrich Himmler, Rudolf Höss e Theodor Eicke progressivamente tornaram-se os homens--chave nessa área, e foi por isso que o campo de Dachau foi tomado como modelo para a subsequente multiplicação de dezenas de campos, todos regidos pela mesma regra básica: uma extrema severidade com os presos. Evans (p. 84) informa que no formato de campos criado por Eicke, os regulamentos deram um poder desimpedido aos guardas. Normas detalhadas e meticulosamente elaboradas concederam aos guardas enormes possibilidades de aplicar sérias violências por infringências reais ou imaginárias, em qualquer nível. O próprio Höss relatou que lhe custava muito assistir punições tão brutais, socos e chicotadas infligidas nos presos. Ele escreveu depreciativamente sobre "a malícia, a ruindade mental, a maldade brutal, inferior, característica de criaturas como os guardas, que compensavam seu senso de inferioridade extravasando sua raiva nos prisioneiros. Uma atmosfera de total ódio".

Mas, como sabemos, a Segunda Guerra só seria deflagrada em 1939, com a invasão da Polônia pelas tropas nazistas. O campo de Auschwitz-Birkenau, hoje lembrado praticamente como um sinônimo do holocausto, seria implantado no ano seguinte, 1940. Nada existe na história que se lhe compare em termos de brutalidade e desumanização. Durante todo o período da guerra, gente tratada como gado chegava de todos os pontos da Europa, aí incluída a República de Vichy, parte ocupada da França, trazendo homens, mulheres e crianças, judeus em sua maioria, mas também ciganos e homossexuais. A chegada dos trens não admitia perda de tempo. Ninguém tinha permissão para observar passivamente aquele quadro. Os empregados e vigias encarregados de receber aquela massa humana rapidamente separavam os que pareciam em condições de suportar trabalhos forçados, enquanto os demais eram diretamente encaminhados às câmaras de gás e fornos crematórios. O número de judeus executados dessa forma, só em Auschwitz, tem sido estimado em pelo menos quatro milhões.

Guardas femininas em campos de concentração[3]

Um dado que merece ser lembrado é a participação de mulheres em toda a máquina de guerra da Alemanha Nazista. Não posso dizer com precisão quantas mulheres terão sido recrutadas pelo partido para trabalhar em sua própria organização ou especificamente nos campos de concentração e extermínio. Consta que o número total pode ter chegado a 500 mil, das quais pelo menos três mil teriam sido encaminhadas para funções de guarda e vigilância. Socialmente, eram tipicamente de classe média ou classe média baixa, tendo antes trabalhado como manicures, cobradoras nos trens urbanos, e umas poucas talvez como professoras que se aposentaram ou desistiram da carreira. Muitas se apresentaram como voluntárias, sem saber direito de que emprego se tratava; anúncios postados nos jornais referiam-se a mulheres que quisessem mostrar seu amor à pátria ou colaborar com as forças policiais. O que mais impressiona nessa história é que, sendo em geral jovens, sem contato anterior com qualquer tipo de criminalidade, dentro de um ano ou dois haviam se transformado em verdadeiros monstros, capazes de tratar os presos com a mais inusitada violência. Agrediam-nos a chicotadas, atiçavam cães ferozes contra eles, e houve até casos de usarem pele humana para fazerem abajures. Após receberem treinamento no campo de Ravensbrück, perto de Berlim, eram encaminhadas para os campos onde desempenhariam seu sinistro mister. Pelo que me foi dado averiguar, as mais ferozes foram Dorothea Binz, Maria Mandel, Elisabeth Volkenrath e Irma Grese. Atribui-se a Dorothea Binz, supervisora de Ravensbrück a partir de 1942, o mérito

---

3 Sou grato à Wikipédia pelas informações utilizadas nesta seção.

de ter ensinado a suas alunas a mais fina arte do sadismo. Elisabeth Volkenrath foi uma das três supervisoras no campo de Bergen-Belsen e Maria Mandel chefiou todo o conjunto de guardas femininas em Auschwitz-Birkenau, onde Irma Grese se incumbia de vigiar os prisioneiros sujeitos a trabalhos forçados. Nos julgamentos a que foram submetidas ao fim da guerra, dificilmente um prisioneiro mantinha uma postura altiva ao ouvir a sentença. Exceção chocante foi Irma Grese, que a tudo assistiu sem mover um músculo da face, inclusive a sentença, que ouviu ereta, com ar de desafio, como se não fosse com ela. Todas as citadas foram condenadas à morte por enforcamento.

Conclusão

Diferindo de outros autores, Edelstein assevera que uma certa ideia de progresso chegou a existir na antiguidade greco-romana. O que não existiu foram ideologias, visões do mundo abrangentes, turbinadas por algum delírio teleológico. A estas, sem dúvida, a humanidade deve o dantesco legado do totalitarismo, que excedeu por larga margem as visões que soem alimentar o jogo político normal. A meu ver, não cabe aplicar o conceito de política a aberrações como o stalinismo e o nazismo. Não me parecem enquadrar-se em tal conceito a esperança de atingir o ideal da sociedade sem classes recorrendo a infernos como o Holodomor e o Gulag, criações de Stalin, ou um Reich de Mil Anos, demência que Hitler cultivou durante toda a sua vida, não hesitando por um momento em dizimar milhões de indivíduos e de praticar violências nas quais a humanidade não tem como se reconhecer.

3. DE WESTPHALIA À UCRÂNIA: O FIM DO ESTADO TERRITORIAL?

Penso que nem mesmo o Dr. Pangloss, personagem de Voltaire, seria capaz de manter seu proverbial otimismo se lhe fosse dado deitar uma vista d'olhos sobre o mundo atual.

Numa fração de segundo, Pangloss certamente submergiria num sono profundo; horas depois, de lá retornaria com uma única lembrança, o Tratado de Westphalia, celebrado em 1648, pondo fim à guerra dos Trinta Anos, e o jeito meio sem jeito dos dignitários católicos e protestantes que lá se haviam reunido na esperança de estarem lançando as bases de uma paz perpétua. Esse mundo eternamente pacífico seria o sistema europeu de Estados, quero dizer, um mundo que deixaria para trás os antigos castelos medievais, substituindo-os por territórios mais amplos, com fronteiras definidas, cada um dos quais – assim esperavam – funcionaria como uma carapaça protetora. Os antigos castelos feudais eram bonitos, sem dúvida, mas perderam sua função de garantir a proteção de seus habitantes a partir do momento em que os exércitos se adestraram para o uso militar da pólvora.

A grande inovação do sistema de Estados foi o reconhecimento prático da soberania territorial de cada Estado. Décadas antes, diversos filósofos já conjecturavam que um país, mesmo dezenas de vezes mais poderoso que outro, só poderia dominá-lo penetrando em seu território, violando sua soberania, que, àquela altura, era apenas um conceito abstrato. Em tais condições, o país atacante já entrava em desvantagem, posto que tinha de percorrer grandes distâncias até que homens e animais, exaustos, chegassem com seus implementos de guerra às proximidades do castelo. Com o sistema de Estados negociado em Westphalia, a soberania teórica tornava-se real, devido à implantação de fronteiras fortificadas, que tornava muito menos desigual o poderio militar dos adversários. Nesse novo sistema, todas as unidades políticas tornavam-se efetivamente Estados, o mais fraco tendo capacidade de infligir graves perdas ao mais forte. Isso porque, como já se notou, o atacante precisaria primeiro vencer uma fronteira fortificada para conseguir, só muito depois, recorrer à sua superioridade técnica a fim de violar a carapaça protetora, situada em algum ponto de difícil alcance dentro do território. Infelizmente, a história raramente facilita a realização de nossos sonhos. Ao abrir os olhos, Pangloss logo iria se deparar com os escombros da Ucrânia, milhares e milhares de mortos, escolas e hospitais destroçados, falta de água potável em várias cidades e o outrora refulgente dourado dos trigais, obliterado pelo incessante despejo de bombas. Assestando melhor seu binóculo, visualizaria numa das janelas do Kremlin a glacial figura do tirano russo.

Devidamente exercitadas, a atenção e a memória nos trarão mais alguns aspectos relevantes da paz perpétua, esse belo sonho que foi sem nunca ter sido. Primeiro, a sobrevivência da democracia. Nas últimas duas décadas, multiplicou-se por todo o mundo o número de indivíduos – uma parte importante deles sendo até portadores de diplomas universitários – que não conseguem compreender o significado das democracias representativas no mundo em que vivemos. Alguns conseguem ser tão obtusos que até gostariam de vê-las sepultadas ao lado das ditaduras num grande féretro universal. Não lhes passa pela cabeça como ficaríamos se, no mundo inteiro, a democracia fosse substituída por tiranias. Não percebem sequer que a humanidade já esteve bem perto desse cenário alucinatório. Para tal, só precisariam recordar a situação a que chegamos num passado não tão distante, há cerca de 70 anos, quando só a duras penas conseguimos reduzir a pó a máquina de guerra da Alemanha hitlerista.

Outro aspecto que não pode ser deixado de lado é que duas das atuais três superpotências (Rússia e China) são governadas por regimes ferreamente totalitários. A China, aparentemente mais afeita ao trabalho e disposta a interagir prudentemente com povos que até recentemente desconhecia por completo, de certa forma é uma segurança, pois tem muito mais a ganhar comprando e vendendo, atraindo a simpatia do Oriente Médio e da África, e valendo-se de sua enorme capacidade de investimento para construir alianças sólidas com regiões para as quais o crescimento econômico é essencial. Em terceiro lugar – mas esse é um lado sinistro da história –, as duas mencionadas superpotências encontram-se confortavelmente sentadas em formidáveis arsenais nucleares. Permitam-me aqui os leitores um breve retorno ao Tratado de Westphalia. A primeira grande brecha aberta no sistema europeu de Estados foi o surgimento, nos anos cinquenta, dos ICBMs – Mísseis Balísticos Intercontinentais. Para se ter uma ideia exata desse novo desafio, convém lembrar que as bombas atômicas lançadas ao fim da Segunda Grande Guerra sobre Hiroshima e Nagasaki foram literalmente "jogadas", quero dizer, atiradas quase manualmente a partir de aeronaves de médio porte.

Um quarto ponto a recordar é a gaiata novela encenada em 1962 por Nikita Kruschev, secretário-geral do PC da União Soviética. Encantado com o fato de Cuba ter se convertido ao comunismo, Nikita cometeu o desatino de instalar na ilha de Fidel Castro um míssil apontado para os Estados Unidos. Consta que o presidente John Kennedy e seus ministros, reunidos às pressas, mostraram-se inicialmente atarantados. O papel decisivo teria cabido a Robert Kennedy, irmão mais jovem do presidente, que teria dado um murro na mesa e tomado a decisão: ou o Sr. Nikita tira aquela porcaria de lá imediatamente ou vai arcar com pesadas consequências. Krushev entendeu o recado.[1]

1 Ver Allison, 1971.

Para bem aquilatar a fundura do abismo a que por desventura ainda podemos chegar, reparem que aquele rapaz que preside a Coreia do Norte tem condições de atingir com um míssil nuclear qualquer ponto dos Estados Unidos. Posso imaginar que ele não hesitaria em fazê-lo, se não fosse o puxão de orelhas que levaria de seu "grande irmão", a China. Eis aí, em breves linhas, a enrascada em que o mundo se meteu. A Terra não é grande coisa, mas se queremos viver nela, convém providenciarmos presidentes e ministros mais equilibrados que o atual inquilino do Kremlin.

A verdade é que o sistema territorial de Estados nunca foi capaz de assegurar a proteção mútua concebida em Westphalia. O Estado territorial (depois Nacional) nunca foi e certamente não é atualmente a cápsula 100% protetora que as teorias da soberania dos séculos XVI e XVII chegaram a presumir. Mesmo do ponto de vista estritamente militar, cabem muitas dúvidas sobre a eficácia de forças armadas organizadas em moldes tradicionais diante das utilizadas por terroristas, narcotraficantes, estelionatários internacionais e contrabandistas de armas e até de órgãos humanos. Atualmente, não há dúvida, vivemos num mundo de Estados, que bem ou mal oferecem alguma proteção; a magna dúvida é se eles estão mesmo dispostos a recuperar o que a tradição territorial teve de racional ou se, cedo ou tarde, ficaremos todos ao Deus dará.

4. POPULISMO, NEO-POPULISMO E DEMOCRACIA

Nas últimas duas décadas do século XX, na esteira do colapso da União Soviética, a ascensão das democracias representativas foi afoitamente celebrada como o "fim da história", ao mesmo tempo que as experiências populistas foram apressadamente dadas como moribundas. Foi um breve e equivocado *intermezzo*. Nem as democracias se firmaram em definitivo, nem o mundo imunizou-se contra o populismo. E o pior é que, quanto a este, nem podemos estar seguros de o haver bem compreendido. No jargão cotidiano e mesmo na mídia, há certa tendência a qualificar como populista qualquer um que nos pareça "demagógico". Qualificação inútil, já se vê, porque dificilmente o "meu" populista será populista para você, e vice-versa. Estávamos ainda celebrando as glórias do fim do século quando na Venezuela surgiu Hugo Chávez com sua "revolução bolivariana", sucedido por Nicolás Maduro, outro lídimo representante da dinastia; na Bolívia surgiu Evo Morales; no Equador, o presidente Rafael Correa, e outros tantos pipocaram pelo mundo afora. Neste exato momento, a imprensa internacional descreve o primeiro-ministro Viktor Orbán (da Hungria), o presidente Recep Erdogan (da Turquia) e Narendra Modi (presidente da Índia) como populistas, quando o correto seria, a meu ver, designá-los, dada a complexidade de suas respectivas sociedades, como aspirantes a ditadores do tipo que soe emergir em regimes autoritários.

Comecemos, então, pelo começo. Observemos, em primeiro lugar, que o termo "populismo" ocorre em acepções diferentes em vários países. Populista perfeito é aquele para quem *Vox Populi* é a voz de Deus, e não vacila em afirmar que sua voz é a voz do povo. Os próprios líderes que designamos como "populistas" raramente usam o termo e, quando o fazem, aplicam-no a si mesmos, como quem diz: se ser populista significa estar com o povo, então, sim, sou populista. Mas, por enquanto, ainda estamos sobrevoando a questão, pois ainda não chegamos a uma resposta precisa para a pergunta o que os torna "populistas". Podemos aceitar que as indicações acima sugerem que o conceito contém elementos que transcendem uma situação particular e delineiam um fenômeno ainda relevante, mas, sem dúvida, estamos ainda em terreno movediço.

Adotarei como ponto de partida que o populismo é uma especialidade latino-americana. Nosso hemisfério produziu alguns dos maiores astros do gênero e continua suprindo-o com notável regularidade. Em tese, o campo disponível para a expansão da liderança populista varia no sentido inverso da complexidade da economia e da sofisticação dos instrumentos de gestão econômica. Pressentindo que o "povo" está vindo, os mercados "precificam" antecipadamente e online os abalos que ele possa ou pretenda provocar.

Nutrimos uma ambígua expectativa de que, embora essa misteriosa entidade possa causar grandes males, é também possível que ela um dia murche de vez – seja na eventualidade de perdermos certas receitas, como as do petróleo, ou quando a velocidade dos meios de comunicação desorganizarem para valer os fluxos financeiros. Por enquanto, lamento dizê-lo, minha impressão é a de que poucos descartam por completo a possibilidade de ele recrudescer com virulência, pondo em risco nossas cambaleantes democracias. Até porque, exemplos não faltam. Meio século atrás, o sistema venezuelano de partidos era celebrado como um dos melhores da América Latina, mas dele nasceu o fruto maligno do chavismo. No Brasil, em 1960, houve quem, acreditando que populistas não sabem português, saudasse a eleição do dicionarista Jânio Quadros como se ele fosse o suprassumo da seriedade política. Tal equívoco custou-nos caro.

Seja como for, atendo-me às fontes mais ancoradas no conhecimento acadêmico, creio poder distinguir três interpretações consistentes. O referente empírico é sempre o mesmo, mas os universos teóricos que as escoram diferem muito.

A primeira, de orientação claramente democrática, acentua o elemento institucional. Os populismos latino-americanos, sem exceção, notabilizam-se por um apelo direto do líder à massa popular. O populista não se sente à vontade no seio do Legislativo ou como um mero dirigente de partido. Sinceramente ou não, ele se apresenta como um indivíduo "peitudo", corajoso, acima do normal, que não tem tempo a perder batendo papo com aquelas multidões informes que se amontoam nos plenários, esperando sua vez de usar o microfone. No início de sua carreira brasiliense, Lula teve um dia de notável sinceridade. Sentenciou que pelo menos 300 dos 584 parlamentares não passariam de picaretas. Com o tempo, deve ter descoberto que um convívio esperto com eles lhe renderia mais que a truculência e optou por outros caminhos. Todo populista é essencialmente anti-institucional. Seu mais recôndito desejo é atropelar as instituições, com o mal disfarçado objetivo de um dia derrubar a democracia e assumir poderes de exceção. É uma questão de DNA. Tenta convencer os desvalidos da sorte de que protegê-los é seu mais sincero desejo, e que por isso teria recebido de alguma entidade transcendental o dom de manter com eles uma comunicação subjetiva, espontânea, quase mística.

Conscientes de sua irresponsabilidade financeira e fiscal, os liberais mantêm os populistas em sua alça de mira. "Fazer caridade com o chapéu alheio": eis como os liberais e em geral os economistas definem o objetivo dos populistas. Nestes, veem irresponsáveis, para os quais contas públicas bem ajustadas são conversa para boi dormir. Advertido de que desequilíbrios fiscais afugentam investimentos estrangeiros, o populista dá de ombros. Alçado ao Executivo, o populista, quando se convence de que o sinal está mesmo ficando vermelho, sai em busca de um economista com reputação de seriedade e o convence a aceitar o ministério da Fazenda. Como já se notou, a iminência da perda de receitas externas (como a do petróleo) ou de arrecadação (quando a economia entra em trajetória recessiva) pode trazer alguma luz às mentes populistas, mas será uma luz bruxuleante, que dificilmente lhes trará a credibilidade de que irão precisar quando o ajuste das contas públicas os meter num beco sem saída. Décadas atrás, dilemas desse tipo frequentemente desarrumavam o processo político. Falo da época do distributivismo precoce, de governos lançando programas mirabolantes quando sequer conseguiam equilibrar arrecadação e gastos públicos ou, pior ainda, quando sonhavam em ornar suas cabeças com o loureiro dos vencedores. Em tais ocasiões, partidos liberais (ou não, mas avessos a todo populismo, por vê-los como quase comunistas) acuavam-nos, arranjavam apoio em alguma facção das Forças Armadas, e quem pagava o pato eram os democratas sinceros.

A TESE MARXISTA DO OBSCURECIMENTO DA CONSCIÊNCIA DE CLASSE

O simbolismo populista é "social", não raro "de classe", o que não quer dizer que ele se disponha a seguir ao pé da letra alguma cartilha de partido classista. Grupos de esquerda, de modo geral, e marxistas, em particular, muitas vezes se enredaram em complicadas tramas à medida que se aliavam com líderes populistas, ou deles se aproximavam. Lixando-se para as contas públicas tanto quanto os populistas, tais grupos inicialmente julgavam poder manter com eles um convívio amistoso. Mas a realidade política é objetiva e não tem por que facilitar a vida de imprudentes aprendizes. Até a primeira metade dos anos sessenta, as esquerdas latino-americanas mantinham estreitas relações com o Partido Comunista de orientação soviética, mas vez por outra alguma fração impaciente, no afã de "apressar o curso da história", inquinava-o de acomodatício. Por real convicção ou puro oportunismo, populistas acompanhavam atentos tais rusgas e assumiam posições nas quais não acreditavam, ou não se dispunham a respaldar a pesada máquina do PC soviético. Outra fonte de azedume era a tese marxista da "consciência de classe". Pelo menos da boca para fora, os comunistas acreditavam que a sucessão de embates com a burguesia progressivamente levaria o operariado a "amadurecer" – no jargão marxista, passar da consciência "de si" à consciência "para si". Disciplinadamente pacientes, mantinham-se a uma prudente distância dos populistas.

Um estranho paradoxo surgia entre os populistas e os marxistas-leninistas. Estes não acreditavam no desabrochar espontâneo da consciência proletária. Norteavam-se por uma ideia de ação direta – não muito diferente da dos fascistas –, que só seria viável com base num "partido de profissionais". "Poucos, mas bons" era um conhecido slogan leninista. Alguns populistas tentavam engabelar os marxistas recorrendo a um palavreado duro, audacioso, pré-revolucionário, mas os marxistas-leninistas em geral sabiam separar o joio do trigo. Quais estariam evoluindo para uma posição de fato revolucionária e quais, carreiristas, se dirigiam às massas como a uma plateia de teatro, com o único objetivo de cavar espaços para ascender na política burguesa? Um caso clássico foi o de Leonel Brizola. Alçado à condição de um quase herói nacional ao barrar uma tentativa de golpe militar em 1961, teve uma votação estrondosa para deputado federal pelo Rio de Janeiro, e em seguida assumiu a típica posição anti-institucional dos populistas. Em 1963-1964, já não deixava dúvidas de que seu objetivo era se eleger presidente da República. Reintegrado na presidência após o interregno parlamentarista, seu cunhado João Goulart contra-atacou lançando o desengonçado programa de "reformas de base", no qual a reforma agrária ocupava um papel destacado.

O PC não estava nem um pouco a fim de levar o pescoço à forca respaldando tal cantilena, que despertava furibundas reações no Congresso Nacional. Leonel Brizola viu aí a chance de matar dois coelhos com uma só cajadada. Derrubaria a restrição constitucional que vedava candidaturas de parentes e, com sua inflamada retórica, arrebataria a bandeira da reforma agrária que Jango começava a desfraldar. Em poucas semanas, mandou pichar os muros do país com seu imaginativo slogan: "Cunhado não é parente, Brizola presidente!". Convém lembrar que, àquela altura, a China rompera relações com a URSS. Uma grande parte da juventude universitária adorou. Lotou auditórios nos quais Brizola não fazia por menos: "Reforma agrária na lei ou na marra! Eu fecho esse Congresso!". Escusado dizer que, para a bancada ruralista no Congresso, tais acordes não soavam como música.

No primeiro trimestre de 1964, o enredo ganhou forma definitiva. Cada dia amanhecia mais radical que a noite anterior. Todas as entidades relevantes (profissionais, religiosas...) começavam a se dividir. O presidente João Goulart, mesmo se tivesse mais juízo, via-se forçado a responder à radicalização com mais radicalização. Tivéssemos no Brasil algo parecido com a britânica *House of Lords*, sua condutibilidade atmosférica seria mínima. No dia 13 de março de 1964, num palanque montado na praça fronteira à Central do Brasil, tendo ao lado sua esposa, Maria Thereza, Jango finalmente assinou o decreto da reforma agrária e com ele acenou para a massa, que só esperava aquele momento para entrar em frenético delírio.

A história acima é brasileira, mas aconteceu e continua a acontecer em quase toda a América Latina. Incorre em sério equívoco quem imagina que só o povão miserável vivenciava a tensão e o desnorteio daqueles dias. Atemorizadas, famílias de classe média também se confundiam, aparafusando um hemisfério do cérebro para conservar sua tradicional moderação, e relaxando o outro, que começava a se perguntar se Jango afinal não teria certa razão. Observe-se que, naquele tempo longínquo, o populismo não deixava de fazer certo sentido. O comunismo não assustava tanto, contido que era pelo catolicismo ultraconservador da época. (Não sei se meus leitores mais jovens tiveram notícia da "Marcha da Família com Deus pela Liberdade"). A ideologia preponderante, no governo e fora dele, era o chamado nacional-desenvolvimentismo, ou nacional-estatismo, se preferem, que rabiscava no horizonte o perfil de um país em rápida industrialização, autônomo e altaneiro. O adjetivo "fiscal" só existia nos dicionários. De capitais estrangeiros ninguém queria ouvir falar. O petróleo já era nosso, e o populismo ribombava nas ruas, ganhando corações e mentes.

5. BRASIL E ARGENTINA – RETROCESSOS E RUPTURAS

O século XIX ficou conhecido como o século das ideologias, no sentido teleológico do termo. Marx, Augusto Comte e muitos outros elaboraram vastos panoramas da história universal, a maioria postulando um "fim da história", quer dizer, um estado estacionário no qual a humanidade se livraria de suas carências e viveria em paz. Hegel, menos sonhador, contentou-se com a chegada do Estado Constitucional, mas Marx cogitou a "sociedade sem classes". Augusto Comte imaginou que a espécie humana, tendo superado seculares etapas dominadas, primeiro, por superstições ou religiões e outra caracterizada por especulações filosóficas, aportaria enfim na idade "positiva", uma era definitiva, regida pelo conhecimento científico e por tecnologias – daí o fato de a filosofia de Comte ser conhecida como positivismo.

Sendo o fim do absolutismo e o advento da Revolução Industrial os panos de fundo de tais especulações, não surpreende que a decepção e o medo tenham travejado teleologias com o sinal trocado, ou seja, construções voltadas para o passado, nas quais a idade de ouro teria sido a Idade Média ou a era das monarquias absolutas, que invocavam uma suposta legitimação por direito divino. Entre os representantes dessa visão do mundo, o mais célebre talvez tenha sido Oswald Spengler, autor de *A Decadência do Ocidente*, obra de 1918.

Com o tempo, fantasias de longo alcance histórico como as de Comte e Marx perderam a maior parte de seu viço, mas o resultado não foi nem remotamente os almejados paraísos da "sociedade sem classes" e da pura racionalidade. Bem ao contrário, foi um sem-número de confrontos entre grupos sociais em torno de interesses econômicos ou religiosos e, como ideologias mutuamente referenciadas, a petrificação da dicotomia *esquerda x direita*, que também murchou no tocante ao conteúdo, mas ainda serve como pretexto ou para prover uma rala orientação a partidos que dela carecem.

Como indiquei no capítulo 2, adicionados à democracia representativa, os regimes atuais podem ser proveitosamente classificados em ditaduras primitivas, regimes autoritários e regimes totalitários, deixando de lado os regimes teocráticos e a enorme variedade de "movimentos" de curta duração que vez por outra despontam nos vários cantos do mundo. Paralelamente ao Estado Constitucional, que paulatinamente se metamorfoseou em democracia representativa, configurou-se uma variedade de ditaduras, formas de organização que se diferenciaram e se firmaram recorrendo a graus diversos de repressão.

Regimes não são construções ideais, como as de Marx e Comte; são sistemas concretos, assentados sobre engrenagens institucionais deliberadamente estabelecidas e geralmente consignadas em textos constitucionais. Nada têm de teleológico; é inútil postular que qualquer deles seguirá um devir ou direção futura definida, como também o é o oposto, ou seja, cogitar que sejam imunes a crises, retrocessos e mesmo a rupturas, entendendo-se por este último termo a quebra completa da engrenagem constitucional. A situação de quebra completa, que implica a desorganização ao menos temporária das hierarquias de autoridade, foi batizada com sucesso por Juan Linz, que propôs designá-la como *regime breakdown*, admitindo, naturalmente, que regimes "quebrados" possam se reerguer ou se reequilibrar, dependendo das circunstâncias, da gravidade dos conflitos que os tenha provocado e, naturalmente, do tirocínio político dos líderes.

Em relação às três megapotências que dominam nosso presente universo histórico, o conceito de *breakdown* não parece tão útil, pois nada faz crer que Estados Unidos, Rússia e China venham a sofrer abalos de grande monta num horizonte previsível. Rússia e China constituíram-se há vários séculos como formações imperiais centralizadas e se organizaram como regimes totalitários típicos no transcurso do século XX. Nunca conheceram processos políticos pluralistas e menos ainda instituições representativas como as que preponderam no Ocidente. Mesmo os Estados Unidos, que vêm passando por solavancos inesperados, têm bases mais sólidas que a imensa maioria dos demais Estados democráticos. Segue-se que o foco preferencial dessa inquirição recai sobre as ditaduras primitivas, cuja solidez depende da fidelidade de forças policiais e militares, geralmente compradas pela corrupção, não sobre uma verdadeira ordem constitucional e menos ainda sobre sua parca riqueza. Bem mais complexo, e requer detido exame, é o caso dos regimes autoritários, nos quais uma economia mais complexa pode, em tese, amortecer crises e retrocessos, e possuem instituições tradicionais e uma burocracia pública mais ou menos respeitáveis, em tese, capazes de evitar o governo de um só homem por um período dilatado.

O que denominamos "construção de um regime democrático" – dos marcos iniciais à consolidação – é um processo demorado, envolvendo décadas e por vezes até séculos. Na maior parte dos casos, o passo inicial é uma opção consciente pelo Estado Constitucional, pois não se vê como um grupo de indivíduos vá estabelecer entre si um *modus vivendi* pluralista e mutuamente respeitoso sem um conjunto de regras formalizado e solenemente proclamado. Essa formulação taxativa suscita dúvidas justamente quanto ao caso brasileiro, uma vez que nosso passo inicial, logo em seguida à Independência (1822), foi a dissolução da Constituinte pelo príncipe D. Pedro I e a outorga, por ele, da Constituição de 1824. Numerosos historiadores, escritores e até humoristas valeram-se desse fato para questionar o caráter constitucional do Brasil independente. Dá-se, no entanto, que, sem uma Constituição, não há como conceber a organização das instituições, a começar pelo Judiciário e pelo Legislativo e, posteriormente, a complexa maquinaria que haverá de balizar a competição entre partidos políticos. Tampouco há que subestimar as circunstâncias imediatamente posteriores à adoção do texto constitucional, que podem ser tranquilas em um país e extremamente conflituosas noutro. No Brasil, como tratei de demonstrar em Lamounier (2021), a segunda década, conhecida como período da Regência, foi pontuada por numerosos conflitos, não sendo exagero afirmar que a unidade territorial do país poderia ter soçobrado. Um fator substancial na derrocada de regimes é evidentemente a intervenção ou não das Forças Armadas. No Brasil, é cabível afirmar que a intervenção de 1889 tenha sido "tranquila", uma vez que, a partir de 1870, o regime monárquico dava claros sinais de decomposição, por falta de apoio à monarquia e ao poder concentrado e por não dispor ela de uma alternativa legítima e realista para assegurar sua continuidade. Nas condições da época, dificilmente as elites aceitariam a sucessão de D. Pedro II por uma mulher, a princesa Isabel, ainda mais sendo ela casada com um nobre estrangeiro, o Conde D'Eu. Portanto, embora a intervenção das Forças Armadas permita qualificar a Proclamação da República em 1889 como uma quartelada, o fato é que o terreno estava aplainado, não dando ensejo a resistências ou a derramamento de sangue. Quiçá ainda mais ilustrativo desse caráter pacífico da Proclamação é ter sido Rui Barbosa, monarquista e parlamentarista, empossado no Ministério da Fazenda e ter assumido o papel de principal redator da Constituição Republicana de 1891. Numerosos letrados inquinaram seu texto de mera cópia da Constituição dos Estados Unidos, uma pérola no acervo brasileiro de comicidades, uma vez que nenhum deles se dignou indagar a que alternativas o Brasil poderia ter lançado mão. Tanto na proclamação da Independência (1889) como no golpe militar de 1964, o caso brasileiro contrasta em tudo e por tudo com outras rupturas havidas na América Latina, notadamente a do Chile (1973) e as da Argentina de 1930 e 1943, esta última tendo aberto o caminho para a ascensão de Juan Domingo Perón, que precipitou o país num caos do qual ele parece incapaz de se recuperar.[1]

Argentina e Brasil

Salvo pelo impacto da crise financeira de 1929, que sacudiu toda a América Latina, causando solavancos políticos e golpes de Estado em vários deles, é difícil identificar outros traços comuns entre a Argentina e o Brasil nas primeiras décadas do século XX. A diferença entre ambos no tocante ao nível de desenvolvimento econômico era sideral. Graças a seus abundantes recursos pastorais e à evolução das técnicas de refrigeração da carne e a um intercâmbio comercial estreito com a Grã-Bretanha, em poucas décadas a Argentina se igualou em riqueza a vários países do Primeiro Mundo. Poucos duvidavam de que cedo ou tarde ela ombrearia com os Estados Unidos, exportando carne para os países ricos e deles importando os manufaturados de que necessitava. Tudo nela adquiriu dimensão superlativa: o maior volume de imigrantes do mundo relativamente à população; a construção civil edificando Buenos Aires, logo reconhecida como uma das capitais mais requintadas da época, equipada, desde 1910, com um moderno metrô; a população urbana, considerada uma das mais escolarizadas da América Latina.

Na véspera da Primeira Guerra Mundial, a Argentina já havia experimentado quase vinte anos de portentosa expansão. Sua renda per capita igualara a da Alemanha e a dos Países Baixos, e superara as da Espanha, Itália, Suécia e Suíça. Tendo crescido a uma taxa

---

1 Deixarei para outra oportunidade comentar a notável e magnificamente documentada obra "El Regímen de Pinochet", de Carlos Huneeus.

anual de 6.5 % desde 1869, Buenos Aires tornara-se a segunda maior cidade em nossa margem do Atlântico, atrás apenas de Nova York e sendo, de longe, a maior cidade da América Latina (Rock, p. 172).

É certo que, mais tarde, uma fenda profunda iria se abrir entre os setores que preferiam prosseguir como um país exportador de produtos primários e os que, como começou a acontecer em toda a América Latina, projetaram um país industrializado com base na substituição de importações, opção respaldada pela ideologia nacionalista, ou seja, no entendimento de que um país sem indústria não se qualificaria como uma nação autônoma.

É igualmente certo que, entre os brancos descendentes de europeus e os autóctones (não-brancos) da população, ásperas desigualdades persistiriam. De qualquer forma, é preciso frisar enfaticamente que a Argentina, ao contrário da maior parte da América Latina, não era governada por caudilhos ignorantes. Durante toda a segunda metade do século XIX, viveram sob uma democracia liberal estável e em 1912 já haviam efetuado uma abrangente reforma político-eleitoral. Na França, era bem conhecida a *blague* "riche comme un Argentin". Salvo melhor juízo, nenhum país foi tão agraciado pela natureza e teve tal desempenho entre as últimas décadas do século XIX e as primeiras do século XX. É, pois, espantoso reler essa história e tentar entender o que iria se passar a partir de 1930: desacertos numa escala que em pouco tempo transformaria o país numa caricatura do que poderia ter sido.

O contraste com o Brasil dessa época não poderia ser mais chocante. De 1870 em diante, nosso país começou a desmoronar, pura e simplesmente. Desmoronar, essa é a palavra. Como assinalei nos capítulos anteriores, a monarquia entrava num declínio sem volta. Sua base econômica, o café, outrora capaz de suprir quase todo o produto de que o mundo necessitava, despencou em vertiginosa perda de competitividade, passando a depender de subsídios governamentais e levando consigo o prestígio do outrora altivo empresariado cafeeiro. Difícil saber quantos membros da elite desejavam sinceramente a República, mas a maioria logo entendeu que ruim com ela, pior sem ela. Dissolvidas as escaramuças iniciais, a Primeira República (1891-1930) transformou-se num ajuntamento de partidos únicos estaduais (todos chamados "republicanos", exceção feita ao Rio Grande do Sul, onde a aversão mútua contrapôs duas facções: a dos Republicanos, apelidados de Gaviões, adeptos da doutrina positivista de Augusto Comte, e outra integrada sobretudo por saudosistas da monarquia, apelidados de *Maragatos*). Esse país de maioria rural, pobreza generalizada e condições de saneamento lamentáveis só veio a ter uma universidade em 1920.

Curioso é que os dois caminhos mencionados, com todas as suas diferenças, convergiriam para formatos intermitentes de ditadura a partir de 1930, a da Argentina dando ao país um empurrão fatal, a nossa um empurrão bem forte, mas do qual bem ou mal nos recuperamos. Neste ponto, é mister introduzir o fator ideológico, que emergiria como uma diferença crítica entre os dois países. Superficialmente, os ideólogos de lá e de cá eram parecidos. Pendiam para o autoritarismo, o que não era de estranhar, tendo-se em conta que diversas variantes dele ascendiam em quase toda a Europa. Mas as diferenças eram mais importantes que as semelhanças. No Brasil, a maioria dos ideólogos era formada por letrados cortesãos, que mimetizavam noções autoritárias da Europa meridional e da Alemanha, que lhes eram de suma utilidade para esbravejar contra a Constituição liberal de 1891. Queriam um governo presidencial "forte", rejeitando a federação e abominando a simples menção de uma futura autonomia municipal. Lembremos que a maioria da população vivia no interior rural e não possuía armas. Mesmo assim, Oliveira Vianna, que se proclamava grande sociólogo e jurista, chegou a perpetrar esta pérola: "*no Brasil, o maior inimigo das liberdades é o poder local*".

No papel, o voto popular foi admitido pela Constituição de 1891, mas não passava de alguns gatos pingados, até porque o sufrágio não foi estendido aos analfabetos. Trocando em miúdos, nossos aprendizes de fascistas eram o seu próprio pequeno círculo de beletristas sediados no Rio de Janeiro e os estudantes das faculdades de Direito de São Paulo (Largo de São Francisco) e do Recife, pois, como já se notou, foi só em 1920 que inauguramos nossa primeira universidade. Não tinham base na classe média, nem na operária, nem entre os militares.

À luz do que acima se expôs, a chamada Revolução de Trinta não pode ser equiparada a um golpe clássico, como aqueles que volta e meia se efetuavam na América Latina com um pequeno número de policiais e militares. Tampouco chegou a ser uma guerra civil. O que se passou foi que os estados (principalmente Rio Grande do Sul, Minas Gerais e Paraíba), que se sentiam prejudicados pelas políticas de subsídios do governo federal, decidiram derrubar o presidente eleito Júlio Prestes, de São Paulo, o que fizeram sem nenhuma dificuldade. Na condição de governador do Rio Grande do Sul, onde granjeara certa reputação de pacificador, Getúlio Vargas assumiu a chefia das forças armadas revoltosas, que nem chegaram a ser empregadas, tanto assim que o símbolo de tal movimento ficou sendo os cavalos gaúchos apascentados no centro do Rio de Janeiro. Hábil e com fama de pacificador, Getúlio não demorou a pôr as manguinhas para fora. Procrastinou o quanto pôde seu governo provisório e a convocação de uma assembleia constituinte. Esta só veio a se reunir após a reação armada de São Paulo – 87 dias de combates, de 9 de julho a 2 de outubro, e um número oficial de 634 mortos, se bem que estimativas não oficiais ultrapassam dois mil. As vítimas paulistas entraram oficialmente para a história como heróis e 9 de julho, feriado, é considerada a data cívica mais importante do Estado. Fato é que a alma de todo ser humano, e em particular a dos políticos, passa por inesperadas transformações. De início relutante em aderir à Revolução, ao fazê-lo Getúlio parece ter mudado de ideia, não só procrastinando a Constituinte, como já se notou, como, ao que tudo indica, deixando para trás sua alma de pacificador. Como chefe provisório da Revolução de 1930 a 1932, governou por decreto e de forma arbitrária, suspendendo praticamente toda a estrutura constitucional. Não fora a Revolução paulista, ele com certeza não teria reconstitucionalizado o país. Foi beneficiado nesse intento pelo desvario de dois movimentos que se organizaram após a guerra paulista de 1932. Recorrendo à luta armada, os comunistas (egressos dos quartéis, sob a liderança de Luís Carlos Prestes) e os integralistas (adeptos da Itália fascista, sob a batuta de Plínio Salgado), forneceram-lhe a angulação de que necessitava. Derrotados os comunistas em 1935 e os integralistas em 1938, Getúlio tornou-se imensamente popular. No entardecer do dia 10 de novembro de 1937, aplicou seu *autogolpe*, proclamando seu Estado Novo, interditando todos os partidos e eleições, impondo uma censura generalizada, e caminhou tranquilamente para a embaixada da Argentina, que o convidara para jantar.

Com o início da guerra de 1939-1945, as inclinações ideológicas dos dois países foram induzidas a um pitoresco xadrez. No Brasil, como antes assinalei, o fascismo vinha evoluindo sem maior êxito, não só por seu caráter beletrista, mas também porque os integralistas de Plínio Salgado cederam ao delírio de enfrentar o governo federal, o que desde logo afastava a hipótese de Getúlio (que alguma simpatia pelo fascismo chegara a alimentar) se aliar a eles. O governo não era homogêneo; altos oficiais militares tinham seus dias de Hamlet, divididos entre ficar com os Aliados ou apoiar a Alemanha. Não menos importante, os alemães embarcaram na estapafúrdia aventura de pressionar o Brasil, incumbindo submarinos seus a destruir navios brasileiros no litoral nordeste. Pode-se assim afirmar que ele, o governo alemão, dissipou nossas dúvidas: em 1944, nossa Força Expedicionária embarcava para a Itália, engajando-se ativamente na luta ao lado dos Aliados. Para esse desfecho, contribuíram concessões mútuas, o Brasil cedendo aos Estados Unidos uma base aérea no Rio Grande do Norte e os Estados Unidos financiando a siderúrgica de Volta Redonda, nosso primeiro grande empreendimento industrial. Finda a guerra, decisivamente influenciado pela experiência na Itália, o comando militar brasileiro exigiu a imediata saída de Getúlio, eleições já em outubro e a convocação de uma Assembleia Constituinte cujos trabalhos teriam início no começo de 1946.

Reflexo de uma sociedade muito mais rica e diversificada, o caso argentino é dezenas de vezes mais complexo e dramático. Em inclinação argentina para a direita não emergiu como o autoritarismo aguado que medrara no Brasil, mas como um fascismo pronto para o que desse e viesse. Começa que o nosso grande vizinho se recusou a entrar na guerra. Com os Aliados, nem pensar; com Hitler, pelo sim, pelo não, não. O círculo fascista argentino foi coisa bem mais séria que nossa tertúlia de letrados. É certo que o Atlântico dificultava interações demoradas, como eles certamente teriam desejado. Os ícones europeus que tomavam como modelo eram gente do porte de Charles Maurras, na França; de Primo de Rivera, na Espanha e de Benito Mussolini, na Itália. A espetacular entrada em cena de Hitler a partir de 1930 deve ter dado um colorido wagneriano ao direitismo nacionalista argentino, que imediatamente o aceitou como o rumo que a História haveria de seguir (Crassweller, p. 74).

Imagine o leitor um presidente pelo menos 20 vezes mais excêntrico que o nosso Jânio Quadros, e que nada tinha de esperto. Hipólito Yrigoyen era o oposto de Jânio. Acreditava piamente nas curtas sentenças que proferia em suas raras aparições públicas, mesmo nas convenções de seu Partido Radical, e cultivava com fervor filosofias espiritualistas que absorvera de um obscuro filósofo alemão. Esse homem, Hipólito Yrigoyen, exerceu forte influência no Partido Radical e foi um dos políticos mais poderosos da Argentina entre 1910-1930, tendo chegado duas vezes à presidência da República (Crassweller, p. 72). Vou contar um pouco mais desta história, mas preferiria que tal incumbência tivesse cabido a Gabriel García Márquez.

Neste ponto, certos personagens que deixariam marcas profundas na história argentina começaram a entrar em cena. Em 1927, políticos sem grande projeção, mas afinados com o que se passava na Europa, iniciaram sondagens junto a figuras de relevo a fim de aquilatar sua disposição a tomar o poder e implantar na Argentina o modelo fascista, que naquelas plagas já caminhava a passos largos. As figuras a que me refiro nem sempre se identificavam como fascistas, disfarçando-se atrás de um nacionalismo exacerbado, como que postergando uma opção fascista mais definida. Em 1927, conseguiram a adesão formal do general José Félix Uriburu para assumir o lugar do presidente em exercício, Hipólito Yrigoyen. Juan Domingo Perón, que à época concluía seus estudos na Academia Militar, também participou do golpe desfechado por Uriburu. O golpe em si nada teve de especial, foi como uma reles ordem de despejo. A crise financeira de 1929, forçando a demissão de numerosos servidores públicos, fora o golpe de misericórdia para Yrigoyen. Como seria fácil prever, as primeiras medidas do governo Uriburu foram suprimir todos os partidos políticos, suspender as eleições e fazer com que a vigente Constituição de 1853 começasse a se parecer com a de uma Argentina corporativista e fascista.

Quem se ativer à superfície institucional do período iniciado em 6 de setembro de 1930, com a derrubada de Yrigoyen por José Félix Uriburu, pode ser levado a engano, pois a realidade social decaiu subitamente para um ciclo de anarquia e violência. Não por acaso, foi cognominada a “década infame”. A instabilidade prosseguiu até a primeira metade dos anos 40, não logrando o país sequer manter a regularidade temporal dos mandatos presidenciais. A 4 de junho de 1943, o presidente em exercício Ramón Castillo é derrubado pela chamada Revolução de 1943, liderada por Arturo Rawson, que governa por três dias, desdobrando-se a tragicomédia até a *Revolução Libertadora*, mediante a qual Perón assume o poder e o exerce com uma forte propensão populista e autoritária de junho de 1946 a 21 de setembro de 1955. Nesse período, a Argentina vive o mais desvairado populismo, com Evita Perón, esposa do presidente, fornecendo-lhe uma retaguarda retórica e simbólica sem a qual ele talvez não tivesse permanecido no poder por tanto tempo.[2] Exilado na Espanha, a prolongada ausência do líder sem dúvida contribuiu para insculpir no peronismo uma psicologia social que lindava o fanatismo, transformando-o, não direi num partido, mas em um movimento que passou a abarcar o espectro ideológico de uma ponta a outra. Quem aspirasse a algum protagonismo político, melhor faria batendo no peito e exclamando "sou peronista" que declarando-se adepto de alguma corrente ideológica. Não descabe afirmar que o modelo argentino se tornou praticamente um sistema de partido único, faltando-lhe fidelidade às regras do jogo e reconhecimento da legitimidade do oponente, ingredientes sem os quais a democracia representativa é inconcebível.

No Brasil, afastado da presidência em outubro de 1945, Getúlio concorreu *in absentia* nas eleições para o Senado e para a Câmara em 1946. A crise de 1954, que o levou ao suicídio, teve muito a ver com os embates partidários e a radicalização aprofundada pela Guerra Fria, bem como certas ações mais "populistas" por ela encetadas durante a ditadura de 1937-1945. Contudo, é justo dar-lhe

---

2 Para não estender em demasia este relato, serei econômico no tocante à fase mais acentuadamente populista e à figura de Evita Perón.

um desconto, tendo em vista que o fato decisivo na deflagração da crise foi o tiro desfechado por um de seus guarda-costas contra seu principal adversário político, obviamente sem autorização.

Partindo da referência ao presidente Getúlio Vargas no parágrafo anterior, parece-me mais lógico prosseguir até as crises de 1961-1964, sobre as quais Getúlio indubitavelmente projetou sua sombra, e deixar para o final deste capítulo a conclusão do relato sobre a Argentina. Ninguém ignora que a conjuntura dos anos cinquenta – com o retorno de Getúlio à presidência pelo voto popular, a Guerra Fria e a agudização dos desentendimentos entre os setores rural e urbano em torno do modelo de crescimento econômico – radicalizou a política brasileira em termos de direita e esquerda, numa extensão dificilmente imaginável a partir do pós-guerra relativamente calmo da Segunda Guerra Mundial.

O primeiro elemento é fácil de ser identificado. João Goulart, futuro presidente, mantinha relações próximas de parentesco e aliança política com Getúlio, e também com Leonel Brizola, que pleitearia espaço no jogo em um tom de exacerbado populismo. Menos lembrado, mas também decisivo, é o fato de que a Constituição brasileira de 1946 abrigara um disparate próximo do incompreensível. Admitia uma candidatura à vice-presidência, partidariamente dissociada da candidatura à presidência. Um breve esforço trará os fatos à memória de todos. Morto Getúlio, do PTB (Partido Trabalhista Brasileiro), seu sucessor, eleito em 1955, foi Juscelino Kubitschek de Oliveira, homem de perfil moderado, filiado ao PSD (Partido Social-Democrático), cujas relações com o PTB eram razoáveis. Mas nenhum desses dois partidos era do agrado da UDN (União Democrática Nacional), abrigo de Carlos Lacerda, o principal inimigo de Getúlio Vargas. João Goulart, do PTB, candidatou-se a vice na chapa do Marechal Henrique Lott, que se filiara ao PSD, mas que, logo se viu, não teria condições de bater o arquipopulista Jânio Quadros, lançado por um partido menor, ao qual a UDN, num lance de indescritível oportunismo político, se associara. O resultado, facilmente previsível, foi a vitória da chapa "dissociada", ou seja, Jânio Quadros presidente, João Goulart, vice. Mal decorrido o primeiro semestre daquele teratológico mandato, Jânio Quadros alega não ter condições de governar e renuncia (24.08.1961). Naquela mesma semana, João Goulart encontrava-se em viagem diplomática à China. Pronto, estava armada a confusão. Ao tentar regressar, Goulart é informado de que uma junta militar tomara o poder com o claro objetivo de impedir sua posse e mandar prendê-lo assim que pisasse em território brasileiro. O espectro de um sério conflito armado configurou-se de imediato, agravado pelo fato de Leonel Brizola, à época governador do Rio Grande do Sul, ter sublevado sua Brigada Militar, disposto a enfrentar as forças armadas regulares e exigir a posse de seu cunhado João Goulart.

Militares e políticos logo se puseram em campo em busca de uma fórmula de compromisso, encontrando-a num parlamentarismo improvisado (na verdade, mais próximo do discutível semipresidencialismo francês), que seria ou não ratificado por meio de um plebiscito programado para cinco anos mais tarde.

Conhecendo as sinuosas personalidades de João Goulart e Brizola, e o plano inclinado para o qual se embicava a situação econômica do país, só os muito crentes conseguiriam manter um otimismo programado para durar cinco anos. Empossado na presidência e sem apoios fidedignos, Goulart dedicou-se de corpo inteiro à busca de uma fórmula que lhe devolvesse a plenitude dos poderes presidenciais, fórmula que evidentemente só poderia ser uma antecipação do plebiscito previsto para 1965. Deu rédea solta a todos os grupos que o apoiaram em tal causa, agudizando obviamente o reinante ambiente de radicalização e paralisando as atividades normais do governo. No segundo semestre de 1962, conseguiu que alguns chefes militares fizessem vista grossa a seus propósitos e aumentou em alguns decibéis a pressão pela antecipação do plebiscito, finalmente realizado no dia 6 de janeiro de 1963, com o resultado previsível.

Dediquei algumas linhas no capítulo 4 ao comício realizado em 13 de março de 1963 num palanque fronteiro à praça da Central do Brasil. O essencial da história está aí. No dia 31 de março, dezoito dias após o comício, as Forças Armadas tomaram o poder, Goulart e Brizola foram para o exílio e o Brasil precisou esperar 21 anos até o restabelecimento do regime civil.

Voltemos à Argentina. Autorizado pelo então vigente regime militar, Perón desembarcou em Buenos Aires em 1973 na companhia de sua terceira esposa, Maria Estela Martinez de Perón, que conservou seu nome artístico Isabelita. Já idoso, Perón assumiu sem problemas a presidência, mas colocou Isabelita na vice-presidência, obviamente temendo que pudesse morrer no exercício do cargo, o que de fato aconteceu em meados de 1974. Isabelita cometeu uma imprudência grave ao aliar-se ao "brujo" López Rega, uma espécie de Rasputin argentino, cujas artimanhas não bastaram para livrá-lo do exílio. Mas ao contrário do que muitas vezes se afirma, Isabelita não era ignorante ou desnorteada. Em circunstâncias normais, poderia ter desempenhado um papel político construtivo. Mas a situação argentina nada tinha de normal; era caótica, dir-se-ia mesmo de guerra civil, com sucessivos enfrentamentos entre facções militares e dois movimentos decididamente revolucionários, os Montoneros (anarquistas) e o Ejército Revolucionario del Pueblo (Trotskista). Rafael Videla, o sucessor de Isabelita, colocou-a em prisão domiciliar por cinco anos e cometeu uma série indescritível de violências e assassinatos. Uma estimativa conservadora, que certamente não inclui todos os desaparecidos, cogita que pelo menos dez mil pessoas tenham sido vitimadas em mais esse período infame da Argentina.

Conclusão

O contraste não poderia ser mais chocante. A República Romana começou com uns poucos assentamentos e uma pequena população às margens do Tibre, rejeitando qualquer tipo de governo unipessoal, e se tornou uma das maiores potências da Antiguidade. Potência militarista e expansionista, sem dúvida, mas assim era o mundo daqueles tempos. A Argentina, tendo em seu território terras comparáveis às melhores do mundo, em poucas décadas tornou-se um dos países mais ricos, comerciando produtos primários, principalmente carne, e importando praticamente tudo de que necessitava em manufaturados. Até por volta de 1920, a aposta era a de que logo ombrearia com as maiores potências econômicas do mundo. Sofreu um duríssimo golpe com a crise de 1929, mas a verdade é que um golpe de tendência fascista já vinha sendo tramado dois ou três anos antes da crise. Consumado o golpe de 1930, a triste combinação tipicamente latino-americana de personalismo, populismo e presidencialismo arrastou-a para o plano inclinado do qual até hoje não se recuperou. Poucos, se é que algum país logrou proeza comparável, a de chegar aos degraus mais altos do desenvolvimento e regredir ao subdesenvolvimento.

6. ANATOMIA DO VIÉS ANTIRRURAL

Oliveira Vianna foi um dos nossos maiores sociólogos e, com certeza, o que mais insistiu em ser reconhecido como grande conhecedor de nossa vida interiorana. Seus livros contêm inúmeras referências negativas à propriedade rural, aos fazendeiros e aos governos locais. Se nosso objetivo fosse evidenciar a presença dessa fixação antirrural em sua extensa obra, dez minutos bastariam para nos desincumbirmos de tal tarefa. E, ao concluí-la, por certo deveríamos ser gratos a ele por certos lances risíveis, como este: "*No Brasil, o Poder Central sempre foi uma força benéfica e organizadora. O inimigo das liberdades sempre foi o Poder Local*" (Oliveira Vianna, *Instituições políticas brasileiras*, 2º vol., p. 42). Ou pelo fato de, tendo sustentado seu prestígio de "sociólogo" e ocupado altos cargos na administração pública entre 1920 e 1950, em sua obra não se encontrar uma linha sequer sobre a revolução em nossa pecuária levada a cabo pelos fazendeiros de Uberaba, que foram à Índia importar raças zebuínas e as adaptar com notável sucesso às condições brasileiras. Outro dado curioso é que, embora se proclamasse grande conhecedor do nosso interior, Oliveira Vianna não viajava. Na extensa pesquisa que fiz sobre sua vida e obra, encontrei apenas uma viagem de trem que teria feito entre o Rio e Barbacena.

Mas o que me motivou a escrever este texto não foi me divertir com as tiradas de Oliveira Vianna. Foi demonstrar o caráter generalizado do viés antirrural que se manifestava em nossa cultura política pelo menos até o fim da Segunda Guerra Mundial. Reparem que escrevo viés "antirrural" e não viés "urbano", porque o que chama a atenção, realmente, é o caráter preconceituoso e hostil ao mundo interiorano que permeava a obra de muitos de nossos melhores escritores.

Dez ou quinze minutos seriam igualmente suficientes se nosso interesse fosse discorrer sobre os comunistas ou outras correntes políticas para os quais o problema estaria de antemão explicado pela ideologia, que os levava a focalizar a concentração da terra nas mãos de poucos, vale dizer, no latifúndio e nas incontáveis mazelas que dele decorreram, ou que lhe foram atribuídas no transcurso de nossa história. Mesmo aí, teríamos apenas uma meia-verdade, pois não é certo que o viés a que me refiro tenha sido apanágio de letrados de esquerda (haja vista Oliveira Vianna, simpatizante do integralismo). Tampouco podemos pressupor que iniquidades e mazelas "objetivas" se convertam "naturalmente" em avaliações culturais, sem a intervenção de intelectuais e ideólogos. Malefícios sociais não estruturam diretamente o modo de pensar de uma sociedade. Fazem-no à medida que ganham ressonância pública, mobilizam interesses e, ao longo do tempo, são metabolizados por intelectuais, artistas, jornalistas e políticos.

No Brasil, salta aos olhos que a riqueza rural é considerada menos legítima do que a urbana. Ainda assim, cabe a indagação: por que a intelectualidade de esquerda sempre criticou a estrutura agrária e o poder local, e nunca, ou só muito recentemente, os beneficiários urbanos de notórias distorções no sistema tributário e do gasto público, os subsídios à indústria nacional, os privilégios corporativos aos sindicatos de empregadores e trabalhadores, os privilégios previdenciários do setor público, e por aí afora? Tenho consciência do caráter controverso deste tema. Cumpre-me frisar que o ponto em discussão não é a justiça ou injustiça do padrão de distribuição da terra que vigeu durante a maior parte de nossa história, mas a demonização da grande propriedade rural e de sua influência política, em todos os níveis, e, em particular, o pressuposto de uma maior legitimidade da propriedade urbana sobre a rural. Até parece que no Cheeseburger não vão tomate e queijo, ou que estes são cultivados na Avenida Paulista.

No momento que estamos atravessando, com as posições ideológicas e políticas se enrijecendo devido ao desmatamento, da expansão da pecuária na direção do Pantanal e da Amazônia, do acirramento do conflito fundiário, com invasões, violências e até assassinatos de trabalhadores e líderes sindicais rurais, seria muita ingenuidade de minha parte esperar uma recepção benevolente para a reavaliação que estou propondo. Em tempos pretéritos, dando um desconto parcial ao café, a agropecuária não se comparava ao atual agronegócio, peça-chave de nosso balanço de pagamentos. Uma hipótese a considerar é que os atuais exportadores de commodities não dependem da simpatia de pequenos fazendeiros ou dos demais setores antirrurais. Eles não precisam de votos, não precisam se candidatar a prefeituras ou câmaras municipais do nosso vasto interior; ao contrário, os que cultivam a política lá naquelas lonjuras é que de vez em quando aparecem para pedir alguma ajuda.

Chega a ser curioso que tantos ensaístas sociais e jornalistas não percebam, ou neguem simplesmente, a existência do protuberante viés antirrural que permeia muitas das mais importantes instituições da sociedade urbana: o ensino superior, as igrejas, os meios de comunicação, os sindicatos e alguns dos principais partidos políticos. É certo que, no passado recente, os rodeios e festivais de vaqueiros, turbinados pelo rádio e pela televisão, conseguiram projeção nacional e até internacional. Não tenho como avaliar se tal processo induzirá mudanças profundas na cultura antirrural. Pelo sim, pelo não, deixo o registro de que, mesmo no passado recente, era na figura caricata do "coronel" que a crônica de costumes políticos, o romance regionalista, o cinema, e até novelas de televisão iam buscar inspiração.

Parece-me desnecessário escarafunchar a literatura religiosa, jurídica e filosófica em busca de explicações para o viés antirrural; limito-me a dois pontos que me parecem merecer um breve excurso. Observemos, de início, que a *intelligentsia* brasileira começou cortesã e nunca deixou de ser litorânea. Esse fato talvez não fosse tão visível quando as faculdades de Direito de São Paulo e do Recife ombreavam com o meio cultural do Rio de Janeiro. Mas, a partir de meados do século XX, o Rio, deixando de ser a capital, perdeu sua capacidade de distribuir empregos. Mas, não o foco do antirruralismo. As artes continuaram a mariposear os altos escalões do governo e aprenderam a acarinhar o setor financeiro e o empresariado urbano, e assim ficou tudo como antes no quartel de Abrantes.

O outro ponto a mencionar é o persistente debate brasileiro sobre centralização versus descentralização, cujos momentos críticos foram o período regencial (1831-1840) e as campanhas republicana e abolicionista das últimas décadas do século XIX, cuja aspiração inicial era uma república honestamente federativa (mas sem a autonomia municipal). A influência de simpatizantes do fascismo, obcecados na crítica à Constituição de 1891, e em seguida o integralismo, versão brasileira do fascismo, além de todo um séquito desengonçado da Revolução de 1930, São Paulo à parte, fincou o pé no "Estado forte", dando rédea solta à ditadura de Getúlio Vargas e ao modelo nacional-estatista de crescimento econômico.

O modelo político do Império era centralizador, mas o golpe republicano fechou os caminhos de volta. Naquele mesmo período, certa insegurança quanto à unidade nacional reforçou a receptividade ao positivismo autoritário de Augusto Comte, aumentando o caudal que levaria Getúlio Vargas à chefia do governo provisório (1930-1932) e ao autogolpe de 10 de novembro de 1937. Finda a Segunda Guerra, o país tornou-se algo mais racional e pluralista, houve quem insistisse numa visão menos irracional da agricultura, mas da demonização da agricultura o país não se livrou. Bem ao contrário, profetas da industrialização como o economista Celso Furtado e o historiador Roberto Simonsen predominaram no debate público e na formulação da futura política econômica, e assim embarcamos na chamada ISI – a industrialização substitutiva de importações e a manutenção da economia autárquica, fechada ao exterior, sobre a qual não vou me estender aqui, mas peço licença para adiantar que aí começou a se formar a "armadilha do baixo crescimento", uma fiel companheira em nossa tragicômica jornada.

Recorde-se que, em tempos recuados, os proprietários rurais eram a influência dominante na vida política dos municípios e províncias. Até hoje, carregam sozinhos a pecha de "coronéis". Uma mescla de desonestidade intelectual e ignorância mantém na penumbra outros personagens que poderiam ser epitetados da mesma forma; nas regiões distantes, os talentos e males atribuídos com exclusividade aos fazendeiros eram também encenados por médicos, dentistas, engenheiros, ex-policiais ou ex-militares e até, não raro, por padres. Muitos desses vinham para o interior assumir o papel de coronel após haverem amealhado um razoável pé de meia nas grandes cidades, exercendo suas profissões ou mantendo boas relações com o erário público. Um casamento dadivoso também ajudava. Quem quiser distinguir com clareza as feições de Jano, o deus de duas faces, uma voltada para o passado e outra para o futuro, poderá tirar muito proveito dessa história.

Em seu clássico *Coronelismo, enxada e voto*, Victor Nunes Leal explicou como muitos de nossos antigos capiaus, partindo da influência que exerciam na esfera local, saltaram para o andar de cima, passando a fazer parte da esfera estadual e até da elite nacional. Nesse percurso ascendente, a própria ideia de elite se alterou. Na Primeira República, o substantivo não pedia adjetivo; era óbvio que estávamos falando de elites rurais. Decorrido um século, é quase impossível descrevê-las, pois estenderam seus tentáculos à alta administração federal, aos partidos políticos, ao setor imobiliário, e ao setor financeiro e de serviços em geral.

Surpreendente é que hoje, num país que já contabiliza 150 milhões de eleitores e comunicações integradas no nível nacional, ainda há quem se preocupe mais com a coação eleitoral exercida pelos raquíticos "coronéis" das margens do São Francisco que com a que emana de Brasília, acionada pelo coronelismo eletrônico abrigado na Câmara Federal, por programas de transferência de renda controlados pelo governo e outros meios.

7. CELSO FURTADO, HÉLIO JAGUARIBE E O VIÉS ANTIRRURAL

Desde o capítulo anterior, o leitor terá reparado que precisei inventar uma expressão: "viés antirrural". Digo "viés antirrural" em vez de "viés urbano" porque o ponto de vista que desejo defender é o de que o debate político brasileiro foi sempre permeado por uma aversão explícita contra o interior, o universo local, a agropecuária e os fazendeiros. Estranho, não? Em um país onde durante décadas e décadas o latifúndio foi visto como o poder que permeava de alto a baixo todas as instâncias da sociedade, país no qual se dizia que as cidades do interior eram desertas porque os que nelas mandavam estavam em suas fazendas ou gozando a vida nas capitais. Sim, antirrural, porque o que aqui me importa não é a vida nas fazendas e pequenas comunas do interior, mas o polo oposto: como o interior era retratado pelos círculos cultos e talvez pela classe média alta das grandes cidades – ou seja, no litoral.

Vejamos como, em sua juventude intelectual, Jaguaribe, por exemplo, concebeu as etapas de nossa evolução política. Fenômeno exclusivamente interiorano, o clientelismo era o primeiro degrau na escada do atraso. Ele seria a causa dos piores males brasileiros, o ponto de onde partiam todas as mediocridades, literariamente exemplificadas pelo "voto de cabresto" ou pelo "bico de pena". Daí proviriam todas as mazelas que bloqueavam o aprimoramento de nossa administração pública, amarrando ao chão como aquelas pesadas bolas de ferro que antigamente prendiam ao chão os pés dos piores facínoras recolhidos aos presídios. No primeiro degrau acima viria o populismo, uma maldição tratada com um pouco mais de cortesia, pois tinha ao menos a vantagem de "pender" para o social, ou seja, para a esquerda. Já deixava entrever a etapa mais alta, a "grande política ideológica", prenúncio da ideologia nacional-estatizante que finalmente nos levaria ao pleno desenvolvimento.

Cito o jovem Jaguaribe porque ele foi um grande intelectual. Voltar à geração dos críticos da Constituição de 1891, aos Oliveira Vianna e Alberto Torres, idólatras do "poder forte", seria perda de tempo. O disparate do viés antirrural é algo que se mede em milhas. Nas primeiras três décadas do século XX, a população rural era muito maior que a urbana. Se os fazendeiros dispersos pelo país não trabalhassem seus "amaldiçoados" latifúndios, as grandes cidades não teriam o que comer. O rádio e a fotografia eram rudimentares. TV não existia. Contra esse pano de fundo, os letrados operaram a proeza de imaginar uma sociedade na qual quem trabalhasse a terra não mereceria o status de cidadão.

Citei Jaguaribe para não perder tempo com os *dei minori* da Primeira República, mas que dizer de Celso Furtado? A estatura dele em nossa história cultural não comporta discussão. Sua *Formação Econômica do Brasil*, obra de 1958, balizou a formação de milhares de estudantes, não só na área da ciência econômica, mas em todo o leque das ciências sociais. Intelectual de primeira linha, Celso foi também um personagem ativo em nossa vida pública, como ministro do Planejamento no governo de João Goulart e da Cultura no de José Sarney, entre outros cargos de relevo. Será cabível procurar sinais de antirruralismo em sua obra ou em sua atuação política? À primeira vista não, até porque não estamos falando de um adepto do "governo forte", mas de um democrata. Um intelectual que pendia para a esquerda, mas para uma esquerda moderada, flexível, detentor de sólida formação intelectual. O que me leva a suscitar a questão do antirruralismo em sua visão da agricultura e da classe proprietária rural é o fato de ele haver sido entre nós o grande profeta da industrialização. Celso, com certeza, não imaginava a importância que o agronegócio viria a atingir no Brasil, tornando-se o principal esteio da economia, e nem me parece que tenha percebido a revolução pecuária que começara a acontecer já em seu tempo, quando os fazendeiros de Uberaba trouxeram exemplares das raças zebuínas da Índia e as adaptaram às nossas condições. Lembrando que, em 1964, ele ocupava a Pasta do Planejamento, cumpre-nos também examinar sua reação ao golpe militar daquele ano e seu entendimento das opções que possivelmente se abririam ao nosso país nos anos subsequentes.

O segundo ponto que me propus reexaminar é a interpretação do golpe de 1964. Em 1965, o editor Ênio Silveira criou no Rio de Janeiro a revista *Civilização Brasileira,* com o objetivo de nuclear os debates da esquerda nacionalista. A revista cumpriu bem o seu papel; seu primeiro número foi uma edição especial sobre o tema, com contribuições de um seleto grupo de intelectuais. Por intermédio dela podemos recuperar de uma forma vívida aquele momento de perplexidade, quando a intelectualidade de esquerda tateava na busca de explicações para o golpe e o recém-implantado regime militar. O que mais chama a atenção de quantos façam essa viagem de volta é a extensão em que o economicismo impregnara as análises de esquerda. Realmente, o universo retratado em tais análises é movido por autômatos ou quiçá atores de teatro, todos cumprindo com afinco sua tarefa de pôr em marcha "a lógica do capital". São figurantes de um processo político desprovido de organizações ou partidos empenhados em articular e agregar vontades e interesses. Não havendo indivíduos, é claro que não há temperamentos, nem emoções, nem erros, nem acertos, nem incertezas ou desvios de percurso. Esse tipo de análise jorrou abundantemente nas interpretações do golpe de 1964 no Brasil e nas de nossos congêneres argentino e chileno, até ser finalmente posto a descansar por um estudo crítico de José Serra (1979). Mas Serra limitou-se a contestar *in concreto* uma das interpretações mais influentes da época. Não se propôs esclarecer em termos gerais a questão subjacente, a de como "endogenizar", ou seja, incorporar efetivamente à análise, o comportamento de um Lacerda, um Brizola, um Jango. Na referida edição da RCB, quem o fez foi o jornalista Paulo Francis, numa curta passagem, à qual retornarei adiante.

Recorde-se que Celso Furtado, na condição de ministro do Planejamento, tentou desradicalizar o ambiente político, notadamente por meio do livro *A pré-revolução brasileira*. O artigo de Celso Furtado, intitulado "Obstáculos políticos ao crescimento econômico do Brasil", foi uma tentativa de identificar as causas estruturais que desencadearam o golpe. Esse texto teve enorme repercussão, firmando-se por vários anos como referência obrigatória para quantos quisessem compreender melhor a tomada do poder pelos militares.

O ponto de partida de Furtado era o conflito entre "dois princípios de legitimação da autoridade". De um lado, a "subordinação ao marco constitucional", que a seu ver significava, na prática, render-se ao veto acionado pelas oligarquias agrárias entrincheiradas no Legislativo. De outro, a "obediência ao mandato substantivo que vem diretamente da vontade popular", que, segundo ele, inevitavelmente envolvia os candidatos a postos executivos na pressão do jogo populista: "conscientes do estado psicológico das massas, eles reivindicam uma rápida modernização do país, mediante 'reformas de base', modificações estruturais. Esse conflito de poder entre os líderes populistas e a classe dirigente tradicional ocupa o centro da luta política e torna impraticável a consecução de qualquer programa coerente por parte daqueles que ocasionalmente dirigem o país. A existência desse conflito fundamental cria condições favoráveis à arbitragem militar, conforme ocorreu recentemente no Brasil" (p. 140 e 143-144).

Na análise acima resumida, chama a atenção que Celso Furtado, economista, atento às engrenagens institucionais, não se desvestiu de um grave resquício economicista. O peso de sua carga crítica recaiu por inteiro sobre as já mencionadas "oligarquias agrárias", responsabilizadas diretamente não só por defender seus interesses como proprietários rurais, mas também como parte no cabo-de-guerra com o Executivo, por impedir a implementação de qualquer plano coerente de gestão econômica. Como ministro, é até certo ponto compreensível que Furtado se abstivesse de comentar diretamente o papel de João Goulart como presidente, subsumindo-o entre os populistas. Fato é, porém, que João Goulart, muito mal assessorado por amigos e assessores, ancorara a sorte de seu governo num improvisado programa de "reformas de base", entre as quais avultava uma mal-ajambrada reforma agrária.

Para que minha observação acima, referente a um texto de 1965, não pareça simplista e até malévola, lembro aqui os textos que a revista *Tempos Modernos* publicou em 1967, em francês e português, reunindo alguns dos maiores expoentes de nossa ciência social. A convocação da revista foi um diagnóstico da nova situação. Como funcionava e que chances de permanência poderia ter um sistema político cuja sustentação dependia diretamente da corporação militar? Sob que circunstâncias poderia surgir uma oposição efetiva? No aspecto econômico, as análises de Furtado e Jaguaribe mostraram-se notavelmente convergentes: ambos avaliaram como mais provável um cenário de baixo crescimento, e até de estagnação. Entenderam que a prioridade de um governo burocrático-militar seria a preservação do *status quo* e da estabilidade social, o que o levaria a diminuir o investimento industrial em benefício da produção agrícola. Disso decorreria uma opção preferencial pelo apoio dos proprietários rurais, que ambos consideravam ideologicamente atrasados. Recapitulando, penso que a densidade e a excepcional argúcia, que durante tantos anos Celso Furtado demonstrou na compreensão da realidade brasileira, não o livraram, neste caso, de seu antigo viés pró-indústria, que nas condições culturais do Brasil coincidia em tudo e por tudo com o que denominei viés antirrural.

A ausência do Executivo é uma lacuna gritante no artigo "Obstáculos políticos...", de 1965. Celso perceptivelmente se absteve de avaliar o governo João Goulart. Quer dizer, a "endogenização" do fator político chega às instituições – ao Legislativo, melhor dizendo –, mas passa ao largo dos indivíduos. Daí a importância de recuperar aqui um trecho de Paulo Francis, publicado no mesmo número especial da revista *Civilização Brasileira*: "A eficácia da ação individual na sociedade está, por certo, sujeita a condicionamentos que transcendem a mera vontade humana, mas há gradações nessa interrelação onde o fator pessoal tem peso próprio e decisório, embora não consiga, em última análise, prevalecer sobre um todo de circunstâncias" (p. 78). Ao Jango pessoa física Francis referiu-se com simpatia, mas ao Jango presidente deposto não poupou críticas: "A superioridade de Lacerda como líder sobre Goulart parece-me incontestável e considero tão superficial quanto o personalismo fabricado pela direita o desinteresse cínico de facções da esquerda por personalidades. Goulart nunca assumiu a direção da máquina estatal que controlava perto de 50% da economia do país. Suas tentativas de impulsioná-la eram setoriais e limitadas a objetivos menores. Eu próprio, em vários artigos para a *Última Hora*, instiguei-o a valer-se do poder em sua plenitude, a livrar-se da quinta coluna em todo o organismo executivo [...]. Mas o presidente recusou-se a governar. Sua inabilidade com civis e militares não têm paralelo na história do país".

O que aqui me importa, entenda-se, não é se a avaliação de Francis foi justa ou injusta, mas o fato de ele a haver feito – ou seja, de haver considerado o perfil individual de Jango como um dado relevante para a boa compreensão dos fatos observados, ao contrário de Celso Furtado, Hélio Jaguaribe e outros, que optaram por tentar apreender os acontecimentos tão-somente na altura dos grandes agregados sociais.

8. A DEMOCRACIA EM CONSTRUÇÃO

Deparar-se-á com um paradoxo quem percorrer a bibliografia disponível de ciência política e história com o objetivo de compreender a evolução recente da democracia brasileira. Constatará, com efeito, que os estudiosos têm saudado com entusiasmo os avanços recentes e a consolidação da democracia; mas constatará também que a esse ponto de chegada não corresponde um ponto de partida. Na estrutura política do Império (1822-1889), poucos são os que se animam a procurar algum vestígio de democracia. Na estrutura da Primeira República (1889-1930), quase todos se limitam a observar que as "atas falsas" e o "bico de pena" produziam mandatos eletivos com uma eficiência igual ou superior a das urnas. (Nesse ponto, eu até seria mais duro, pois esse foi o período impropriamente denominado como "política dos governadores", quando o correto, a meu juízo, seria "ditadura dos governadores", um regime de partidos únicos implantado na esfera estadual pelo presidente Campos Salles (1898-1902) em troca da eliminação de qualquer oposição que pretendesse se manifestar na esfera federal). E compreensivelmente se esquivam de minerar traços de democracia nos 9 anos (1937-1945) da ditadura Vargas e nos 21 do regime militar (1964-1985). A hipótese que nos sobra parece ser então a do súbito aparecimento de uma democracia cujas origens e etapas intermediárias não conseguimos identificar.

Essa quase total falta de origens foi o que me motivou a redigir este texto. A carência será mesmo de origens ou, como me parece mais plausível, de um mapa analítico que nos facilite nosso percurso de 1824 aos nossos dias? Optei pela segunda alternativa, e desde já antecipo cinco pontos que a meu juízo não têm recebido a necessária atenção. Destacarei, como passo inicial, a *opção constitucional* pelo regime representativo. Passarei, em seguida, ao que chamo de *diversidade poliárquica*, antecipando que não compartilho o centenário refrão de que a democracia só se torna possível em sociedades que tenham cumprido certos "pré-requisitos", mas reconheço a importância de destacar, no plano da sociedade, os primórdios da diversificação entre grupos relevantes. Abordo, em terceiro lugar, a questão que talvez mais tenha influenciado a evolução da ciência política, qual seja, a das estruturas de representação, que compreende três temas clássicos, os referentes a eleições, partidos políticos e abrangência da cidadania. Adianto, porém, que os três, tomados isoladamente ou em conjunto, são de escassa serventia. O que lhes confere sentido – direi mesmo que lhes serve de amálgama e delineia o próprio sentido do conceito de democracia representativa – é a noção de *incerteza*, que defino como a impossibilidade de um partido ou potentado qualquer determinar cabalmente os resultados eleitorais no plano agregado e em sucessivas eleições. O quarto e o quinto ponto, originais e sumamente importantes, são raramente explorados na literatura. O quarto ponto é o reconhecimento da legitimidade do oponente eleitoral, tema elaborado, com base na história norte-americana, por Richard Hofstadter, em seu magistral *The Idea of a Party System – The Rise of Legitimate Opposition in the United States, 1780-1840* (University of California Press, 1969). O quinto, da lavra do mestre Juan J. Linz, deve ser considerado como a etapa final da consolidação democrática, identificada com certo humor em suas aulas e palestras pela expressão *"the only game in town"*. O único jogo na cidade pode ser transliterado como a exclusividade do processo eleitoral, indicando que uma democracia plenamente consolidada não admite outra via para o acesso ao poder.

Espero não estar cometendo o pecado da prolixidade se repiso aqui a importância dos dois últimos pontos. O reconhecimento da legitimidade dos contendores no processo eleitoral põe em relevo quão recente é a democracia representativa em sua elaboração completa, pois, como demonstra Hofstadter, referindo-se aos

Estados Unidos, trata-se de uma norma político-cultural que apenas começava a se delinear no final do século XVIII e só se pode dar por consolidada na década de 1830, era em que Andrew Jackson foi o protagonista de maior relevo na política norte-americana. Por último, mas não menos importante, a arguta proposição de Juan Linz sobre a exclusividade do processo eleitoral. O que se afirma, com efeito, é que a plena consolidação da democracia só se configura quando não há mais espaço para "arreglos", ou seja, quando a via eleitoral se torna indiscutível como o único caminho para o acesso legítimo a cargos eletivos.

A democracia que me propus estudar neste texto é o sistema concreto que conhecemos na realidade histórica, não uma aspiração ideal. Podemos conceituá-la como um sistema político no qual o acesso legítimo ao poder se dá mediante eleições regulares, limpas e livres e os governos se mantêm responsabilizáveis (*accountable*) graças a restrições constitucionais, à atuação dos órgãos legislativos e judiciários, à vigilância exercida pela imprensa e por incessantes pressões cruzadas de uma variedade de instituições e associações autônomas (Janowitz & Marvick). Quanto eu saiba, coube a Carneiro da Cunha (1982), a primazia de ressaltar a fundamental questão do marco zero – a opção constitucional por um sistema representativo. Pouco estudado pelos cientistas sociais, trata-se de um tema intuitivamente essencial, pois não se vê por onde uma democracia possa ter início senão por um arranjo constitucional que defina os termos iniciais da associação e indique as instituições que devam ser imediatamente construídas (a separação de Poderes e suas estruturas materiais, os primórdios da engrenagem eleitoral e os passos subsequentes). Mesmo na hipótese inusitada de uma democracia que se estabeleça sem adotar uma Constituição escrita, é evidente que um entendimento informal, mas explícito, entre os atores relevantes teria de existir, pois sem isso permaneceriam indefinidos os indivíduos aos quais caberia a primazia para o exercício da autoridade nas diferentes magistraturas. Ou seja, sem uma Constituição escrita ou um entendimento não-escrito, mas de valor praticamente equivalente, não veremos sequer o embrião de uma possível democracia, e o resultado será com certeza um descaimento para a anarquia e a violência. Não se ter elaborado conceitualmente este ponto foi, com certeza, a razão pela qual, no Brasil, resmas sem conta de papel foram dedicadas ao esporte de gralhar contra a Constituição de 1824. A ordem democrática não é uma *anarquia* (ausência de poder); é uma *poliarquia* (múltiplos polos de poder). Presume-se, naturalmente, que tais polos sejam genuinamente autônomos, pois, se não o forem, o pluralismo existirá no máximo como uma fachada e o regime real será autoritário ou totalitário. Quando genuína, a diversidade poliárquica expressa ao mesmo tempo o subjacente pluralismo dos interesses econômicos, sociais, religiosos e outros, e previne uma concentração excessiva do poder estatal. Podemos, pois, dizer que a diversidade poliárquica se constitui de baixo para cima, por meio de ações coletivas e, de cima para baixo, à medida que se integra nos compromissos formais consubstanciados nas instituições jurídico-estatais.

Para manter o texto dentro de uma proporção manejável, serei breve no tocante ao terceiro ponto – a construção das estruturas de representação. No que concerne à dilatação do corpo eleitoral, julgo haver demonstrado (Lamounier, 2021), inclusive com estatísticas internacionais, que a evolução brasileira foi razoável, com três exceções que não podem deixar de ser mencionadas: a "ditadura dos governadores" implantada na virada do século XIX para o XX pelo presidente Campos Salles, com efeitos absolutamente nefastos no sistema político considerado em conjunto; o autogolpe de 10 de novembro de 1937, que instaurou a ditadura de Getúlio Vargas (1937-1945); e os 21 anos do regime militar de 1964-1985, que teve o mérito, sem embargo de seu caráter autoritário, de deixar abertas frestas eleitorais que permitiram uma ação razoavelmente eficaz por parte da oposição. A cidadania – à qual vou aqui me referir somente no aspecto eleitoral – merece ser avaliada de forma positiva, não obstante as interrupções e fraudes ocorridas nos períodos ditatoriais. O ponto a destacar é que partimos de um corpo eleitoral que correspondia a apenas 5% da população total na Primeira República e já ultrapassou a marca dos 70% da população total, cifra que não fica a dever à prevalecente nas democracias mais avançadas.

9. VICTOR NUNES LEAL: CORREÇÃO DE RUMOS

Nós, brasileiros, somos notoriamente avessos a dicionários. Nosso dedo indicador geralmente se confunde no meio de tantas letras. E lhes garanto: nenhum dos nossos grandes escritores foi tão vitimado por essa aversão quanto Victor Nunes Leal.

Afirmo sem medo de errar que uma única palavra levou a maioria de quantos leram seu *Coronelismo, enxada e voto* a entendê-lo no sentido exatamente oposto ao pretendido. Leram-no como mais uma entre as infindáveis catilinárias contra o latifúndio, os fazendeiros, a fraude, o voto de cabresto – mais uma manifestação, se me permitem abreviar, do que tenho designado como *viés antirrural*, aquela defesa da tese de que, entre nós, a democracia representativa está condenada ao fracasso desde ontem até a eternidade. Mas fato é que o viés antirrural é descartado na primeira sentença do livro: "O fenômeno de imediata observação para quem procure conhecer a vida política do interior do Brasil é o *malsinado* coronelismo. Não é um fenômeno simples, pois envolve um complexo de características da política municipal".[1] Uma vista d'olhos num bom dicionário teria sido suficiente para esclarecer que o adjetivo malsinado pode assumir diversos significados. Serve, por exemplo, para maldizer ou acusar alguém ou alguma coisa com ou sem razão. No primeiro parágrafo de Victor Nunes, quem tomar malsinado como sinônimo de "maligno" estará cometendo uma vil agressão contra a última flor do Lácio. Erro crasso. No contexto, Nunes Leal está dizendo que os supostos males da vida

---

1 Ver *Coronelismo, Enxada e Voto* (São Paulo: Alfa-Ômega, 1986, 5a. edição, p. 19). Primeira edição: Revista Forense, 1949. Foi nesta edição que me baseei para a elaboração deste texto.

rural brasileira nem sempre são bem compreendidos. Os males que se lhe atribuem podem ser justos ou injustos.

É bem verdade que Victor Nunes, lidando com seu próprio livro, teve uma parcela de culpa nesse que é o maior mal-entendido de nossa literatura política. Mineiro de Carangola, formado em Direito em 1943, ele começou a ensinar política na Universidade do Brasil (Rio de Janeiro). Foi lá, em 1948, que apresentou como tese seu manuscrito, cujo título original era *A Municipalidade e o Governo Representativo no Brasil.* Ao submetê-lo para publicação, seu editor, Emil Fahrat, demonstrou entusiasmo pelo texto, mas ponderou que o título precisava ser algo mais *sexy*. Sugeriu-lhe *Coronelismo, enxada e voto,* título consagrador, que, sem dúvida, contribuiu para a obra se tornar um clássico. Consagrador, mas errado. Fatalmente errado, pois induziu nove em cada dez leitores a lerem sua inovadora obra exatamente como a antiga cantilena do viés antirrural. O Brasil "real" (coronelismo, enxada) contraposto ao Brasil "legal" (o voto). A mesma senha que, durante várias décadas, levou milhares de leitores e praticamente todos os letrados cortesãos a responsabilizar o interior do Brasil por todas as mazelas de nosso país. Ou seja, o requinte de seu *malsinado* e o título *sexy* de seu editor relegaram uma obra clássica ao mesmo balaio no qual, desde o século XIX, o beletrismo do litoral tentava nos convencer de que uma democracia sequer razoável medraria no árido solo do latifúndio e da pobreza.[2] Escrevendo no final dos anos 40, é óbvio que Victor Nunes estava cansado de saber que

---

2 A terceira edição do livro, publicada em 1997 pela Editora Nova Fronteira, traz uma série de importantes depoimentos, inclusive um do próprio Victor Nunes Leal, que recapitula a trajetória de sua obra desde a primeira edição, 48 anos antes. Na página 28, ele conta que o historiador Francisco Iglésias foi o primeiro a publicar um comentário no ano seguinte ao da publicação. Embora altamente elogioso, deu-lhe um puxão de orelhas, acoimando o título de "um tanto sensacionalista, sugerindo propaganda ou polêmica". É o que eu também teria escrito.

nosso mundo interiorano era invariavelmente retratado de forma negativa. Era um liberal convicto, mas não um liberal voluntarista, ou jurisdicista, do tipo que imagina que as democracias desabrocham da noite para o dia. Eis porque, revisitando-o, devemos distinguir pelo menos duas importantes questões tratadas no livro. A primeira diz respeito à questão central do livro, a saber, a de que o que desleixadamente se tem denominado coronelismo é inseparável da construção do Estado Nacional e, especialmente, das relações centro-periferia, e, como é óbvio, à dimensão espacial de tal processo.

A segunda questão tem a ver com os próprios fundamentos da política e de seu entorno socioeconômico. Que a sociedade brasileira evoluiu assentada sobre o latifúndio e a escravidão é chover no molhado. Quem se proponha especular sobre o futuro da democracia representativa e ainda mais se pretende insistir em sua dimensão valorativa (uma democracia "autêntica") deve antes cinzelar o conceito de representação e indicar as engrenagens práticas (eleições, partidos...) que lhe conferem sentido à medida que ela se configura efetivamente como um sistema político.

A construção do Estado Nacional

Quem teve oportunidade de estudar a formação dos Estados nacionais europeus com certeza se deu conta de que o padrão normal é da periferia para o centro. Um Estado cujo poder central seja vulnerável a ações ou ataques de poderes periféricos não pode ser considerado um Estado consolidado. Segue-se que a construção do Estado é essencialmente um processo de expropriação (pela força ou por outros meios) de recursos inicialmente controlados por poderes menores. Não há como compreender esse processo atendo-se apenas a suas menores partes, quero dizer, à ação de indivíduos, pequenos grupos ou comunas isoladas, pois, se estamos falando da consolidação de um Estado, é essencial apreciar o conjunto, o sistema, avaliando a partir dele a correlação de forças entre o centro e as partes menores.

Isso posto, devemos aqui afirmar, desassombradamente, que *Coronelismo, enxada e voto* é a primeira proposta de análise verdadeiramente sistêmica da vida política brasileira. Já o diz o título do primeiro capítulo, logo acima do trecho onde aparece o adjetivo *malsinado*: "Observações sobre a estrutura e o processo de coronelismo". Reparem que, nessa construção estranhamente moderna, a palavra "coronelismo" é arrancada de seu contexto original para ganhar um sentido muito mais amplo, abstrato e despido de conotações moralistas. Agora ele passa a designar a mudança do equilíbrio de poder entre as esferas pública e privada, ou seja, o novo arranjo que, a partir de certo ponto, se configura com o paulatino fortalecimento da esfera pública em prejuízo da esfera privada e, consequentemente, do universo decadente do poder privado baseado na propriedade de terras. Já aqui percebemos, portanto, que Victor Nunes põe para escanteio a cantilena de uma relação estática, imutável, na qual o Estado seria sempre uma presa fácil para o senhoriato rural:

> Não há dúvidas de que... o coronelismo é muito menos um produto da importância e vigor dos senhores de terras do que de sua decadência. A fraqueza dos proprietários de terras parece ser fortaleza apenas se comparada à massa de pessoas que vivem sob seu jugo, preenchendo as cédulas de votos conforme eles ordenam... em resumo, isto é a fraqueza de um sistema rural decadente, baseado no trabalho pobre e sem qualificação, sujeito aos riscos do mercado internacional de commodities e matérias-primas... (p. 36)

Representação: conceito e engrenagens

Victor Nunes tinha plena consciência de que democracias são construções históricas demoradas. Sua obra foi escrita poucos anos após a efetivação de uma promissora reforma institucional, o Código Eleitoral de 1932, que veio acoplado ao voto feminino, à Justiça Eleitoral e logo em seguida, em 1934, à Constituição de 1934. Causa e consequência do fortalecimento do poder central, esse conjunto de reformas alterava significativamente as questões que até então haviam dominado o debate, bastando, quanto a este aspecto, lembrar que a Primeira República fora pouco mais que uma ditadura apoiada em partidos únicos estaduais. Agora, a questão era esta: as reformas de 1932-1934 dariam resultados sensivelmente melhores que as levadas a cabo durante o Império e a Primeira República? Seríamos agora realmente capazes de conter a coação e a coerção, reduzir a fraude, extinguir o vício do "governismo" e proporcionar condições de maior envolvimento e independência aos eleitores? Subjacente a tais indagações, tínhamos a questão mais ampla: poderiam agora os "formalismos" da democracia representativa ombrear com a secular inércia do latifúndio e de seus coroamentos socioculturais? É fácil perceber que Victor Nunes não caiu na capenga armadilha de quantos se limitaram a frisar o poder estratificador do latifúndio. Ele foi além, circunscrevendo com precisão o campo dentro do qual a questão da representação poderia ser deslindada com realismo e sentido histórico.

Representação

A verdade é que nenhum Estado e nenhuma democracia jamais foram edificados sobre um solo social homogêneo. Num país de dimensão continental, numa época em que o sistema nacional de comunicações engatinhava e, obviamente, em que a maioria da população gravitava em torno da grande propriedade rural, é fácil entender que a desigualdade, em todas as suas dimensões, não se expressava apenas num plano vertical, mas também no horizontal, ou seja, em diferenças espaciais que em grande parte se mantinham por inércia. Mesmo se os recursos de que o poder central dispunha fossem dezenas de vezes maiores, as desigualdades sociais e, por conseguinte, o poder político do latifúndio eram uma realidade freada por numerosos fatores de entropia.

Um parêntesis necessário. Ao contrário de nove em cada dez estudiosos que se debruçaram sobre o fenômeno do coronelismo, salta aos olhos que Victor Nunes não alimentava a visão moralista da mobilização dos eleitores pelos coronéis.[3] Mesmo não dispondo, como hoje dispomos (ver Lamounier, 2021, p. 80-81), de dados comparativos que indicam a ocorrência de fenômenos similares mesmo nos países mais avançados da Europa, Victor Nunes não se deixou levar pelo moralismo e muito menos pelos propósitos ideológicos de direita e de esquerda de que se nutriam intelectualmente nossos letrados. Não a via como dominação, ou só como dominação, mas também de forma positiva, como um passo inicial na construção da democracia. Os fazendeiros utilizavam seus caminhões para

---

3 Permitam-me inserir aqui algumas ilustrações. Sobre os Estados Unidos após a Guerra de Secessão (Lane, 1959): "[...] as tropas federais mal acabavam de partir e já os sulistas puseram mãos à obra para afastar os negros das urnas, tarefa que se tornava fácil em vista da apatia e falta de experiência política deles". Em 1848, Friedrich Engels, num relato sobre as eleições na Suíça, publicado na *Neue Rheinishe Zeitung*, informava que "o número de votos nas urnas às vezes excedia o de cédulas oficiais". Hegel (p. 317-318), um dos maiores filósofos do século XIX, não teve oportunidade de observar um curral eleitoral em Minas Gerais ou Pernambuco, mas em 1830 descreveu minuciosamente um de que teve conhecimento na Inglaterra: "O principal trabalho eleitoral para o qual os candidatos recrutam agentes familiarizados com as localidades e seus respectivos personagens, e com a forma de lidar com eles, é caçar eleitores e trazê-los, especialmente suborno, para votar com seus patrões. Os grandes proprietários de terras arrebanham suas multidões de arrendatários até os locais de votação. Um deputado inglês, Brougham, descreveu de maneira bem engraçada uma cena de sua própria campanha numa eleição passada, na qual arrendatários foram acampados em quintais fechados, com aquecimento, comida e cerveja, e assim subtraídos à influência da oposição; na verdade trancados até o exato momento em que fossem colocar nas urnas seus obedientes votos".

transportar os eleitores da redondeza para os locais de votação? Pagavam com alimentação para que os votantes comparecessem à cidade? É claro que o faziam e ainda bem, pois assim eles, os eleitores rurais, mantinham um primeiro contato – não preciso frisar quão superficial – com o sistema político. Durante décadas, os moralistas citadinos trataram esse fato apenas pelo ângulo da dominação, descurando o aspecto da mobilização, necessariamente paulatino. Não se dando conta de que depois do primeiro contato viria o segundo, depois o terceiro, até constituirmos um eleitorado nacional de grande porte, base *sine qua non* de toda democracia moderna. Algum mágico da Primeira República poderia tirar do bolso do colete uma fórmula que nos catapultasse de 5% para 70% da população total, que atualmente é nossa cifra, praticamente igual à das democracias mais avançadas? Sem ir tão longe, teria o eleitorado brasileiro crescido tão notavelmente se a extensão do sufrágio e o comparecimento dos eleitores às urnas tivessem dependido apenas do Estado, quando ele era mais débil em comparação com o poder rural?

Permito-me fazer aqui uma observação aos moralistas atuais, que ainda existem, e não são poucos. Nas condições atuais, mesmo que fazendeiros (ou quaisquer individualmente considerados) quisessem transportar eleitores, é óbvio que isso não lhes seria rentável, pois só conseguiriam transportar uma minúscula parcela do eleitorado, milhares de vezes menor do que o necessário para lhes compensar o esforço. Os coronéis de antigamente muitas vezes recompensavam o voto que lhes era prometido doando dentaduras ou pares de sapatos a seus eleitores. Hoje, os moralistas que ainda martelam a antiga tecla não demonstram a mesma ira quando um partido político alicia milhões de eleitores manipulando programas de transferência de renda, ou seja, valendo-se de dinheiro público para engordar as urnas de seu partido.

Mas o aspecto numérico tem uma importância muito maior que a indicada. Na Primeira República, o principal argumento contra as eleições era o fato de o eleitorado equivaler a apenas 5% da população total, além de ser em sua maioria rural e semianalfabeto. Decorridos mais de um século e tendo o sufrágio atingido cerca de 150 milhões (70% da população total), a maioria com um índice de escolaridade ainda muito baixo e baixa renda, que devemos fazer? Restaurar o chamado "voto censitário", quer dizer, conceder o direito de voto apenas a uma pequena elite rica e letrada? Descartar de vez a democracia? Penso que uma vista d'olhos na obra de Philip Converse lhes seria proveitoso. Graças a esse trabalho, sabemos que nenhuma democracia se baseia num eleitorado razoavelmente homogêneo em termos de escolaridade e compreensão das questões oferecidas ao debate público. Bem ao contrário. Todo cientista político sério sabe, por exemplo, que mesmo nas democracias mais evoluídas, não chega a 20% do eleitorado a parcela capaz de definir com algum nexo o significado das expressões direita x esquerda. Abaixo dessa pequena elite, cerca de 50% conseguem dizer se os ventos econômicos estão soprando a favor de seus interesses ou contra eles. Os 30% abaixo não têm respostas articuladas nem a esse respeito. Espero que as explicações acima esclareçam porque essas cifras, à primeira vista aterradoras, não desmerecem os princípios fundamentais da democracia representativa.

O argumento de Nunes Leal é, na verdade, o de que toda a estrutura política do País estava passando a funcionar segundo uma nova correlação de forças, afetada por um acordo implícito entre proprietários de terras, de um lado, e políticos e burocratas de carreira, de outro. A fraqueza dos governos locais era em grande parte consequência desse desequilíbrio: economicamente decadentes, os proprietários arrendavam suas terras e se tornavam comerciantes, mudavam para a capital e, claro, muitos entravam para a política. Em tempos pretéritos, os políticos mais abastados precisavam de votos municipais a fim de manter a influência política de que careciam para controlar os governos locais, aos quais proporcionavam uma variedade de favores, como emprestar-lhes o trator da prefeitura e, principalmente, amenizar a aplicação das leis penal e trabalhista em seus domínios. As forças políticas atuantes em nível estadual e nacional também precisavam de suporte local, uma vez que havia um jogo eleitoral crescente e as disputas se tornavam cada vez mais acirradas nos níveis superiores. Lá o embate não era com pés-rapados como eles mesmos, mas com oligarquias enriquecidas no comércio, na atividade imobiliária ou em outros setores. Havia, como é óbvio, um circuito, um *loop* sistêmico. É perfeitamente cabível descrever tal engrenagem como um embrionário processo de construção do Estado, provavelmente não muito bem compreendido por grande parte de seus próprios protagonistas.

Recapitulando, permitam-me chamar a atenção para outro aspecto relevante de *Coronelismo, enxada e voto*. Não quero me estender fazendo uma análise propriamente linguística da obra de Victor Nunes em comparação com dezenas das que a precederam. Mas vale a pena sublinhar que nele não encontramos aquelas "enteléquias", fórmulas verbais que imutáveis remontam à colonização portuguesa e pretendem explicar um país cuja população rural é hoje minúscula, substituída que foi por máquinas modernas, e alcançada por meios nacionais de comunicação que as entretêm de manhã à noite.

O template subjacente à obra de Victor Nunes sopesa dois grandes grupos de variáveis – dois pratos de uma balança. Em um deles está a inércia cultural, a estratificação legada pela sociedade escravista, a coagulação do poder nos arredores da propriedade rural. No outro, o crescimento da população, a urbanização e o paulatino aprimoramento das lutas eleitorais. O resultado, ele afirma, é a debilitação do senhoriato local em proveito da escada política, que começa com os deputados estaduais e sobe, por vários caminhos, ao Legislativo federal e aos altos escalões da República. Lembremos que o livro foi publicado em 1948, quando os índices de urbanização eram baixíssimos e a aplicação das regras eleitorais e a expansão do sufrágio adotadas em 1932 mal se iniciava. Apesar disso, sua avaliação não era pessimista. O país continuava paupérrimo, mas na dimensão eleitoral, algum movimento já era possível perceber. Não é possível negar – escreveu ele na conclusão do livro – [que certas] "perturbações vêm ultimamente minando o sistema coronelista, as quais se tornaram mais visíveis a partir da execução do Código Eleitoral de 1932" (p. 253-258).

10. PARTIDOS POLÍTICOS

Se perguntarmos a um cidadão que não tenha hábito de conversar sobre política o que ele entende por "partido político", ele provavelmente responderá que partido é um grupo de pessoas que compartilham certas ideias e se associam para disputar eleições.

Não podemos dizer que tal resposta seja errada, mas, convenhamos, é um tanto rasa. O que ela nos diz é muito pouco. O melhor caminho parece-me ser o histórico. Por ele podemos mostrar que tendências (como as de Roma), vagamente parecidas com os atuais partidos, surgiram em certas épocas, depois se dissolveram ou ressurgiram e conseguiram se arrastar até os dias de hoje, alguns podendo ser reconhecidos quase por toda parte.

Na Antiguidade romana, por exemplo, já antes de Cristo existiam correntes de opinião vagamente diferenciadas no plano das ideias, mas a razão de sua existência era sua canina fidelidade aos grandes senhores, a generais importantes, por exemplo, que disputavam o poder. Em Roma havia os *optimates*, associados à parte mais aquinhoada da cidade, aos patrícios, ou nobres, e os *populares*, mais ligados aos plebeus.

Para relembrar a história desses pré-partidos até a modernidade (séculos XIX e XX), seriam necessárias algumas centenas de pesquisadores. Uma tarefa mais modesta, mas quiçá mais útil, parece-me ser remontar só ao século XIX, recompor mentalmente os cenários da Revolução Francesa e da Revolução Industrial, a divisão das sociedades europeias em ideologias, e aí sim, mapear o início dos partidos que hoje conhecemos, esses a que chamamos modernos. Estes, como todos sabemos, surgem umbilicalmente ligados à transição do Absolutismo ao Estado Constitucional e aos primórdios da Democracia Representativa, pois é nesse ponto que aparece (ainda pálida) a noção de que cargos de autoridade pública devem ser disputados por meios pacíficos, consubstanciados numa engrenagem eleitoral complexa e altamente elaborada. Algumas décadas mais e podemos arriscar uma definição de democracia: "É o sistema no qual o acesso a posições de poder público se faz por meio de eleições regulares, limpas e livres, sendo o direito de voto estendido à maioria da população adulta". Esta fórmula não diz tudo, mas podemos facilmente inferir que implica um ambiente pacífico e pluralista, com os direitos humanos garantidos não só pelo Estado, mas por uma pluralidade de organizações livres de qualquer coação ou coerção, e com as liberdades de expressão e opinião asseguradas por uma imprensa autônoma.

A partir desse ponto, devemos falar não só em partidos, mas em sistemas de partidos, uma vez que, desde a origem, cerca de duzentos anos atrás, eles se organizaram segundo vários modelos (chamemo-los sistemas de partidos), variando de país a país e distinguindo-se pelo número de agremiações (unipartidarismo, bipartidarismo, multipartidarismo), pelo perfil acentuadamente ideológico de alguns e pragmático de outros, diferenciando-se alguns por uma devoção fetichista – o chamado populismo – e outros por perfis mais austeros ou pragmáticos.

Não só a imensidão do tema, mas certas características singularíssimas recomendam pelo menos um *vol d'oiseau* sobre a história partidária brasileira. O ponto de partida só pode ser a Independência, pois antes dela o que aqui existia era a tirania colonial implantada pelo Absolutismo português. Uma vez outorgada a Constituição de 1824 por D. Pedro I, os poderes Judiciário e Legislativo foram estabelecidos com notável rapidez; as engrenagens eleitorais exigiriam mais tempo, obviamente. As duas primeiras décadas (principalmente a segunda, a da Regência, que se tornou imperativa em decorrência do afastamento de D. Pedro I) foram extremamente turbulentas, com frequentes rebeliões em diferentes partes do país, não sendo exagero cogitar que nossa integridade territorial chegou a correr perigo. Assim, foi só após a emancipação e a posse de D. Pedro II (à época um jovem de 15 anos), e a gradativa pacificação do Império, que começou a fazer sentido falar em partidos. A implantação do sistema parlamentarista em 1847 levou à criação dos partidos Conservador e Liberal e, paulatinamente, à elaboração das engrenagens eleitorais. A significação dos dois partidos era modesta, dadas as frequentes intervenções arbitrárias do Imperador, lastreadas na figura constitucional do Poder Moderador.

A principal singularidade da história partidária brasileira reside não apenas nos diversos partidos que se extinguiram isolados, mas no fato de que foram suprimidos todos os sistemas de partido que chegaram a se formar. Repito: todos. Cada mudança de regime político acarretou a extinção do respectivo sistema partidário. Por si só, esse traço evidencia a fragilidade de toda a organização institucional brasileira. O advento da República levou à extinção dos partidos Liberal e Conservador. Isso se deveu a um conjunto de fatores, entre os quais é mister mencionar as dificuldades econômicas, a decadência da cafeicultura e o aumento da influência militar após a Guerra do Paraguai. Contudo, no que toca à nossa história partidária, o episódio mais chocante foi sem dúvida a reforma implantada pelo presidente Campos Salles (1898-1902). Exigindo ficar com as mãos livres para manejar as dificuldades econômicas – que de fato eram graves –, ele estabeleceu com os governadores um pacto que nenhum país seriamente democrático admitiria. O presidente impediria toda e qualquer oposição na área econômica e os governadores em troca teriam rédea solta para tocar a política em seus estados como bem lhes aprouvesse. O resultado, inteiramente previsível, foi o surgimento de um *sistema de partido único* em todos os Estados, exceção feita ao Rio Grande do Sul, onde os *maragatos* (que não aceitaram a República) e os *gaviões* (seguidores da concepção filosófica ditatorial de Augusto Comte) mantiveram entre si um relacionamento político permanentemente conflituoso. O apelido inicial do pacto foi Governo dos Estados, mas nas ruas ele logo mudou para Política dos Governadores, e não seria exagero se tivesse chegado a Ditadura dos Governadores.

A Revolução de 1930, provisoriamente comandada pelo gaúcho Getúlio Vargas, tampouco tardou em insinuar suas intenções ditatoriais. Exercendo o comando do Governo Provisório, Getúlio postergou por dois anos o restabelecimento do Estado Constitucional, e só o fez forçado pela Revolução Constitucionalista de São Paulo (1932). Em termos partidários, foi um período de total irrelevância, dado que as diversas siglas que pretenderam se organizar não poderiam ombrear com os dois movimentos totalitários, que logo se constituíram e se mostraram dispostos a recorrer à luta armada: o Partido Comunista, chefiado por Luís Carlos Prestes, e o Integralismo, versão brasileira do fascismo italiano, liderado por Plínio Salgado. Derrotados no campo das armas, em 10.09.1937 deixaram o campo aberto para a implantação do chamado Estado Novo, a ditadura getulista, que só terminou em outubro de 1945, com a derrubada do ditador pelo Comando do Exército por ocasião do retorno da Força Expedicionária, que fora combater ao lado dos Aliados na Itália.

O *ultimatum* dado a Getúlio Vargas exigia a imediata convocação de eleições (realizadas em outubro de 1945) e de uma Assembleia Constituinte, que se reuniu no início de 1946, da qual se originou a Constituição de 1946. Parece-me cabível afirmar que os 13 partidos que ocuparam o proscênio naquele período (1946-1964) foram a mais rica experiência brasileira nessa área, não obstante o acirrado antagonismo entre getulistas e antigetulistas (Getúlio voltaria à presidência na eleição de 1950) e a onipresente sombra da Guerra Fria, que dividiu o país de alto a baixo em termos de direita e esquerda. Um ex-comunista, o jornalista Carlos Lacerda, chamou a si a missão de fustigar continuamente o presidente Getúlio Vargas e seu ministro do Trabalho, João Goulart, dirigente do PTB (Partido Trabalhista Brasileiro).

É importante lembrar que a legislação da época permitia chapas híbridas, quer dizer, um candidato à presidência por um partido e outro à vice-presidência por outro partido. Os efeitos desse disparate não poderiam ter sido mais funestos. Vice do pessedista Juscelino Kubitschek, que governou de 1955 a 1960, Goulart teria sido o vice do Marechal Lott, candidato à presidência pelo PSD. A inviabilidade eleitoral de Lott era patente, mas Goulart não se desvinculou formalmente da chapa; com instinto de camaleão, nela permaneceu a fim de se tornar vice de Jânio Quadros, presidente eleito pelo PTN, em aliança com a UDN, em 1960. Uma bomba-relógio, evidentemente. Explodiu, levando à deposição de João Goulart 14 meses depois, num encadeamento que desembocaria no golpe militar de 1964.

Os militares não fugiram da tradição de extinguir todos os sistemas de partido dos regimes anteriores; postergaram-na até 1965, quando, por meio do Ato Institucional N° 2, forçaram o enquadramento dos políticos que haviam conseguido preservar seus mandatos a escolherem entre duas "organizações provisórias", o MDB (Movimento Democrático Brasileiro) e a Arena (Aliança Renovadora Nacional) – aos quais o senador Franco Montoro pitorescamente se referia como o partido "do sim" e o partido do "sim, senhor". O Comando Militar manteve parcialmente os processos eleitorais, mas estipularam que à presidência da República só teriam acesso os candidatos que amealhassem a maioria dos votos no Colégio Eleitoral, figura por eles instituída no pressuposto de que o poder presidencial não lhes seria tomado por meios legais. Eles decidiriam "se" e "quando" promover alguma alternância no poder.

Deu-se, entretanto, que os sucessivos avanços do PMDB nas eleições legislativas acabaram por formar a maioria necessária para eleger o oposicionista Tancredo Neves e o imediato restabelecimento do regime civil. Após três derrotas (uma para Collor e duas para Fernando Henrique Cardoso), Lula chegou finalmente à presidência em 2002. Este é o ponto relevante para tentarmos entender a quantas andamos em matéria partidária, levando em conta a era Lula-Dilma e a eleição presidencial de 2018. Como um adivinho romano, Lula preocupou-se mais em perscrutar o futuro, com o intento de manter ou aumentar seu capital eleitoral, já antes cevado com base nos recursos do Bolsa-Família. Teve mais sucesso que os antigos áugures, pois já em 2010 entronizou no Palácio a Sra. Dilma Rousseff, que aparentemente se comprometera a devolver-lhe a cadeira em 2014. Ela não o fez, foi afastada mediante *impeachment* e guardou para si a duvidosa glória de haver afundado o Brasil na pior recessão de sua história.

Contra o pano de fundo acima exposto, três consequências ofuscam tudo o mais que se queira dizer sobre o período. Primeiro, dezesseis meses de Dilma radicalizaram a vida eleitoral brasileira numa escala comparável à que nos foi dada viver nos anos cinquenta (com a diferença, claro, de que os três grandes personagens daquela época – Getúlio, Lacerda e a Guerra Fria – já haviam saído de cena havia muito tempo); segundo, como se não bastasse o desastre econômico que nos foi impingido, o cenário eleitoral do país voltou a ser ocupado por dois típicos políticos populistas do gênero latino-americano; terceiro, os partidos políticos anteriormente existentes – que estou muito longe de exaltar –, liquefizeram-se por completo; hoje, não estará longe da verdade quem afirmar que somos um Estado sem partidos. Basta assinalar que, na legislatura 2019-2022, a Câmara Federal se dividiu em 24 partidos, o maior dos quais mal arranhou a marca de 15% das cadeiras. Comparando com outros países cujos sistemas partidários mantêm alguma semelhança com o nosso, podemos afirmar que nossa Câmara é a mais fragmentada do mundo. Limitei-me a mencionar as 24 siglas representadas na presente legislatura, mas não descabe prever que o Tribunal Superior Eleitoral tem muito trabalho pela frente, dado ser de sua competência transformar em partidos a sopa de letras à espera, certas de que cedo ou tarde receberão uma parcela do Fundo Partidário.

11. IDEOLOGIA, SISTEMAS DE CRENÇAS E DEMOCRACIA

Desde meados do século XIX até a Segunda Guerra Mundial, letrados e elites de todos os matizes compraziam-se em descer o malho nas democracias que começavam a surgir pelo mundo, argumentando que eleitores semianalfabetos, residentes em áreas rurais, ex-escravos e pobres em geral, dependentes de seus senhores, e ainda por cima pouco numerosos, jamais poderiam pôr em marcha a engrenagem da representação política concebida após a Revolução Francesa. O obstáculo que jamais conseguiríamos superar era sempre o pobre-diabo. Gente graúda não se importava com o problema, pois não atinava com a possibilidade de um dia ter de dar alguma satisfação a algum pé-rapado.

Com o tempo, o preconceito social perdeu vigor, mas não se desfez por completo. Vale a pena comparar o que disse em 1884, a propósito das eleições em Recife, o progressista e abolicionista Raul Pompéia (citado por Barbosa Lima Sobrinho, p. 54), numa linguagem ainda hoje usada por concidadãos nossos, ainda que um pouco envergonhados:

> ... o assunto do dia são as eleições, Nabuco e Portela. Todo o povo, mesmo os mais humildes *cafajestes,* como cá se diz dos pobres diabos, do *Zé-Povinho,* toda a população se envolve com interesse nas tais eleições, como se se tratasse imediatamente de negócios de cada indivíduo. Decididamente, o povo pernambucano é um povo heroico.

Proclamada a República, nem duas décadas haviam se passado e o presidente Campos Salles arquitetou um regime que bem mereceria ser designado como "ditadura dos governadores", pois esmagava as oposições na esfera local, submetendo-as aos governadores, e esmagava as oposições na esfera federal, tornando-as obedientes aos respectivos organizadores ou extirpando-as do Congresso, pura e simplesmente. Mas, como adiantei, para os nossos letrados litorâneos, o culpado por nosso atraso político seriam sempre os eleitores, que à época equivaliam a 5% da população nacional (em contraste com os 70% de hoje, tanto no Brasil como nas democracias mais avançadas).

Devo ter tropeçado no mencionado preconceito umas oitocentas vezes e sempre me perguntei: Que devemos então fazer? Restaurar o que os europeus chamavam de "voto censitário" da primeira metade do século XIX, pelo qual o sufrágio era privilégio de uma meia dúzia de proprietários de imóveis, portadores de títulos nobiliárquicos ou coisa semelhante? Desistir de vez da democracia e da própria Independência, restabelecendo o Estado absolutista e mantendo a escravidão até o final dos tempos?

O busílis, como sabemos, além da escravidão, era a dependência econômica dos "pequenos" (simples empregados, trabalhadores rurais...) em relação a seus senhores, sem esquecer que às mulheres e aos jovens varões o sufrágio só seria estendido muito mais tarde e a partir de certa idade. Nesta terceira década do século XXI, o Brasil tem cerca de 150 milhões de eleitores, 70% da população total, mas dia sim e outro também ouvimos dizer (até pela boca de altas autoridades) que sem certos requisitos mínimos a democracia é e sempre será uma farsa. Curioso é que o argumento atual é rigorosamente simétrico ao de antigamente. Naquele passado longínquo, nosso despreparo para a democracia era a pobreza e o analfabetismo, fatos agravados pelo fato de sermos poucos, dispersos em pequenas comunas, portanto facilmente controláveis pelo senhoriato rural. Agora, a maioria continua semianalfabeta, mas parece que pioramos, pois temos gente demais, uma multidão que mal conseguimos manter com nossa economia de baixa produtividade e muitos que não conseguem compreender os rudimentos do que lhes dizem o rádio e a televisão. Já não somos obrigados a nos ajoelhar ante qualquer um que tenha o privilégio de um status mais alto, mas o refrão "você sabe com quem está falando?" ainda é martelado como uma síntese perfeita de nosso padrão de convívio. Será mesmo? Duzentas e treze milhões de almas, a maioria aglomerada em grandes cidades, deixam-se dominar passivamente, ou o preconceito de status é que é mantido pelos deuses do nosso Olimpo tupiniquim? Aceitemos que ambas as coisas sejam parte de nossas desgraças. É óbvio que muita gente na elite não tolera a liberdade (chamem-na atrevimento, se quiserem) das camadas de menor renda, mas em vez de pobres ajoelhados, hoje, o que realmente há são salários baixos e uma multidão buscando emprego, fruto da sapiência de alguns em teoria econômica. *Office-boys* que antigamente eram obrigados a trajar terno e gravata, hoje se misturam à gente mais bem aquinhoada nos elevadores portando apenas tênis e camiseta.

E então, que fazemos? Voltamos àquele tempo em que só uma pequena elite rica e letrada tinha o direito de votar? Descartamos de vez a democracia? Ora, comecemos pelo óbvio. *O requisito sine qua non de uma democracia em funcionamento é a incerteza, vale dizer, a impossibilidade de um lorde qualquer (um empregador, uma família, a corriola que controla os partidos políticos) influenciar cabal e regularmente os pleitos eleitorais.* Um século atrás, essa possibilidade existia, e nos fartamos de falar sobre ela, quando o número de votantes era muito pequeno e o lorde, que os conhecia pelo nome, mantinha sobre eles uma ascendência econômica direta ou indireta. Não preciso repetir que esse passado em grande parte já se esvaiu. Numa pequena comunidade do interior rural, é lógico que o eleitor não se individualiza, dificilmente chega a adquirir uma personalidade autônoma, e só uns poucos conseguem entender o mundo político que os envolve. Eu seria o último a contestar que ainda existem muitas pedras no caminho do nosso desenvolvimento democrático. Mas não diria de bate-pronto que são mais fortes que as emissoras de TV ou os programas de transferência de renda mediante os quais um partido político conquista a simpatia (e a gratidão) de milhões de desvalidos, recrutando-os para seus exércitos eleitorais.

O assunto televisão mantém íntima conexão com a capacidade do eleitor médio de assimilar e contextualizar informações relevantes para as escolhas que fará ao apertar as teclas da urna eletrônica. Afirmo, sem temor de errar, que mesmo numa hipotética democracia na qual metade dos votantes fosse constituída por PhDs diplomados pelas melhores universidades do mundo, a capacidade de assimilar e contextualizar informações políticas ainda seria muito desigual. Não creio que algum cientista político sério conteste essa afirmação. Pensando em hipotéticos eleitores médios, sabemos todos, ou deveríamos saber, que a capacidade de contextualizar conhecimentos declina *pari passu* com o nível de escolaridade de cada indivíduo, seu interesse em acompanhar questões públicas (informações políticas, partidárias ou não) e dezenas de outros fatores.

"Detesto política!" Quem nunca ouviu essa exclamação quando alguém puxa conversa sobre política com uma pessoa inabituada a acompanhar o noticiário sobre temas públicos. Aqui estamos falando daquela pessoa que faz questão de complementar: "não gosto e não gosto de quem gosta!" Indivíduos com tal perfil muitas vezes se abstêm de votar, optando pelo pequeno esforço de justificar sua ausência junto à repartição judiciária competente. E mais: garanto-lhes que meu exemplo é ameno. Muitos eleitores jovens em nenhuma hipótese trocarão seu jogo de futebol para cumprir seu "sagrado dever cívico" frente às urnas. Há também pessoas que até compareceriam, mas justo naquele dia foram convidadas a almoçar na casa de amigos, ou precisaram fazer uma viagem. Sem esquecer, é claro, que pessoas idosas ou doentes não são obrigadas a comparecer, com toda justiça. Ampliei meu argumento para frisar que o corpo eleitoral decididamente não é homogêneo e que uma parcela expressiva dele simplesmente não se interessa por questões públicas. Essa parcela é indiferente e, entre seus membros, nas raras ocasiões em que se motivam a prestar atenção ao que se passa, muitos há que simplesmente não conseguirão assimilar e contextualizar informações.

Assimilar, vá lá, pode não ser tão difícil. Contextualizar requer um grau muito mais alto de articulação conceitual, ou seja, de estabelecer a devida relação entre proposições, de saber que o candidato tal defende tal ou qual proposta, e que tal proposta pode afetar de tal ou qual modo interesses ou valores (religiosos ou outros) que lhe são caros. Consideremos outra situação hipotética. Passando os olhos por uma banca de jornais, um eleitor lê esta manchete: "No Rio de Janeiro ganhou a esquerda, mas em São Paulo o andar da apuração sugere que a direita tem mais chances". Que quer dizer isso? Creiam-me, caros leitores, para um grande número de pessoas essa manchete não significa absolutamente nada. Nosso hipotético eleitor provavelmente não saberá se a eleição foi para vereador, deputado ou senador; ignora por completo o significado dos termos "direita" e "esquerda"; e não tem a mais remota capacidade de inferir se a vitória de uma ou de outra tendência fará alguma diferença em sua vida.

Afirmei acima que o desenvolvimento da democracia é mais difícil em eleitorados muito pequenos por causa do peso dos fatores de dominação social. E quanto a grandes eleitorados, aqueles que os jornalistas às vezes denominam "eleitorados de massa"? Dificultam ou ajudam? Opino que ajudam, mas bem menos do que normalmente se acredita. Em 1964, o cientista político norte-americano Philip Converse publicou um trabalho que permanece como referência obrigatória para os cientistas políticos do mundo inteiro.

Intitulado *The nature of belief systems in mass publics* (*A natureza dos sistemas de crenças em públicos de grande porte*), foi incluído numa coletânea organizada por um colega de universidade, David Apter, sob o título *Ideology and Discontent* (*Ideologia e Descontentamento*).

A palavra-chave aí é *belief systems* (sistemas de crenças). Dizer que um fenômeno é um sistema, ou que tem características de sistema, significa que as partes que o compõem são interdependentes, ou seja, que se atrelam, ou tendem a variar em função umas das outras. O essencial é a interdependência, mas, atenção, o *grau de interdependência pode variar de um sistema a outro*. A interdependência entre as partes de um avião é muitíssimo mais alta (ainda bem!) que a das opiniões que formam o sistema de crenças de um eleitor. Outra observação relevante. O grau de interdependência pode também variar entre as partes que compõem um mesmo sistema. Como já se notou, no sistema constituído pelas opiniões de um eleitor, podemos afirmar sem temor a erro que a interdependência entre as opiniões de um eleitor com um nível alto de escolarização será muito mais alta que a existente entre eleitores pouco escolarizados ou semianalfabetos. Já toquei neste ponto, mas gostaria de frisá-lo com vigor: *um alto grau de interdependência entre as opiniões de certos eleitores é um indicador seguro da capacidade deles de assimilar e contextualizar informações*. Ou seja: há uma relação de determinação: entre os que possuem uma alta capacidade de contextualização, conhecendo uma ou duas de suas opiniões ou preferências, podemos praticamente *adivinhar* as demais. Tal determinação praticamente inexiste entre os eleitores total ou quase totalmente incapazes de absorver e contextualizar as informações que recebem pela televisão ou por qualquer outro meio.

Todos nós temos um jeito de ver o mundo, de conhecer a sociedade e de formar nossas preferências sobre os assuntos, não é verdade? Os fanáticos por futebol facilmente se lembram de tal ou qual jogo e até guardam na memória o nome do juiz que "garfou" seu time. Mas não misturemos as coisas: o indivíduo fanático por futebol geralmente tem um sistema de crenças fortemente estruturado em relação a essa área, mas pode não ter nenhuma preferência (= ser totalmente indiferente) no que toca à política.

Fiz acima uma breve menção à questão das ideologias, destacando a dicotomia direita x esquerda. Imaginem se estivéssemos conversando sobre esse assunto num bar e de repente um de nós exclamasse: "Caramba, vejam quem vem ali! O próprio! O Dr. Converse! Vamos convidá-lo para uma pala sobre direita x esquerda". Cavalheiro como sempre, lá veio ele, puxou uma cadeira e perguntou sobre o que estávamos conversando. Suponhamos que um de nós, ansioso por mostrar sua sapiência politológica, lhe dissesse que 80% dos cidadãos franceses têm uma preferência ideológica, é de direita ou de esquerda – o dobro, praticamente, dos americanos. Garanto-lhe que ele nos responderá na lata que estamos completamente errados. Essa cifra – ele logo acrescentará – não corresponde à realidade política de nenhum país deste planeta. E reforçou, para nos livrar de vez do equívoco: nenhuma democracia atual ou passada se baseia ou se baseou num eleitorado homogêneo em termos de assimilação e contextualização das informações que aparecem no debate público. E te digo mais: direita x esquerda é um dos piores exemplos que você poderia ter escolhido para entabular esse debate. Mesmo nos países mais politizados, a parcela capaz de definir, ainda que vagamente, o que esses termos significam mal chega a 20%.

Ou seja, esses dois termos que milhões de pessoas empregam para xingar seus adversários, e já causaram conflitos graves nas duas metades dessa bola em que vivemos, não querem dizer absolutamente nada para a maioria dos votantes. Mal chega a 20% a parcela que consegue balbuciar alguma coisa sobre esse assunto. Abaixo dessa pequena elite, há uma parcela bem maior – chutemos 50%, dependendo do país – que consegue dizer se os ventos eleitorais estão soprando contra ou a favor de seus bolsos. Os trinta restantes em capacidade de contextualizar são até difíceis de mapear, porque só uns poucos conseguem dizer algo com começo e fim. A essa altura, temo que o nosso colega politólogo estará esbravejando: "Mas que droga! Então para que serve essa geringonça a que chamam de democracia?" E eu pedirei a palavra para dizer-lhe que não se exalte. Você tem dois caminhos para esclarecer sua dúvida. Primeiro, lembre-se de que só gente muito obtusa diz que a democracia representativa só é possível numa sociedade cuja maioria tenha um diploma de PhD por Harvard. O que importa, como frisei, é a incerteza. Num eleitorado de massas, nenhum potentado tem condições de determinar cabalmente o resultado eleitoral agregado; e menos ainda uma sequência de resultados, em sucessivas eleições. Siga meu conselho: volte ao primeiro parágrafo deste texto e tente entender por que aqueles 20% que você imaginou, por aterradores que sejam, não desmontam este pilar teórico e institucional da democracia representativa. Segundo caminho: experimente viver alguns anos em uma ditadura arretada.

12. PRESIDENCIALISMO, PATRIMONIALISMO E A "ARMADILHA DO BAIXO CRESCIMENTO"

No primeiro capítulo deste livro, ousei afirmar que a República Romana (primeira fase do Estado Romano) deve ter sido, na Antiguidade, o caso mais radical de rejeição ao governo de um só homem. Neste capítulo, evoco a rejeição romana ao governo de um só homem para começar um longo trajeto: o sistema presidencialista de governo e as ideias de reforma que se tem discutido no Brasil; a chamada "armadilha da baixa renda", sobre a qual os economistas nos têm constantemente alertado.

De fato, no ano 509 AC, marco zero da República Romana, os cidadãos proclamaram a mais peremptória rejeição do governo de um só homem de que tenho notícia. Havia um Senado, ao qual cabia nomear o Executivo (um Cônsul para a Cidade-Estado e um procônsul para as províncias). República oligárquica, sem dúvida, pois estamos esboçando um quadro que existiu 25 séculos atrás. Oligárquica, militarista e expansionista. Decorridos três séculos, os sete pequenos assentamentos que a iniciaram às margens do Tibre eram um dos maiores, senão o maior poder da Antiguidade. Controlavam as duas margens do Mediterrâneo, de uma ponta a outra.

A partir de certo ponto naquela colossal expansão, a rejeição do governo concentrado numa pessoa chegara ao limite da viabilidade, exigindo instituições mais complexas e um governo capaz de controlar e administrar um vasto império. As guerras civis que se seguiram ao assassinato (44 AC) de Júlio César tiveram como resultado a transição para o regime imperial que, entretanto, tomou o cuidado de não afrontar o ideal político que predominara durante os cinco séculos precedentes. Ao assumir o trono, Otaviano aceitou o título honorífico de Augusto, mas não o de rei ou imperador. A designação oficial de sua função ficou sendo *"princeps"* (príncipe, ou "primeiro entre iguais"). Nas primeiras três décadas do 4º século DC, teve início a derrocada, que levaria ao colapso completo menos de cem anos mais tarde.

Seria útil, mas iríamos muito longe se fôssemos comparar o desempenho da República Romana (sem governo unipessoal) com o Império, quando o governo ficou teoricamente concentrado em um só homem (a partir de Augusto que nomeava, com a aquiescência nominal do Senado, os cônsules – executivos). Façamos, em vez disso, um *flash-forward* para o presidencialismo dos tempos atuais, objeto de acirradas discussões. Em seu magnífico *Échecau Roi* (*O rei em xeque*), de 1978, uma apologia do sistema semipresidencial francês, mestre Maurice Duverger faz uma comparação sucinta: "O sistema presidencial jamais funcionou a não ser nos Estados Unidos. Noutros países, ele sempre se degradou em presidencialismo, ou seja, em ditadura" (p. 277). Homem cortês, Duverger omitiu o fato de ter usado a expressão "*s'est dégradé en présidentialisme*" especificamente em relação à América Latina. O grande mestre francês tinha bons conhecimentos a respeito do nosso culto fetichista sobre o presidencialismo unipessoal.

Sou levado a crer que Duverger não excetuaria de forma tão taxativa o caso dos Estados Unidos se tivesse presenciado o pleito de 2016 (Donald Trump contra Hillary Clinton), ou a tentativa de invasão do Congresso na primeira semana de 2021, por baderneiros a mando de Donald Trump. Tenho para mim que essa foi a pior agressão às instituições americanas, pior até do que os dezesseis anos durante os quais Joseph McCarthy, senador por Wisconsin, fez tudo o que podia e tudo o que não podia para aterrorizar o país com o espectro de uma infiltração generalizada da administração federal por agentes do comunismo soviético. Uma singela informação ajuda a avaliar a extensão do terror e das ameaças perpetradas por McCarthy: o trágico espetáculo circense que ele encenou teve início logo após a bem-sucedida experiência da URSS com a bomba de hidrogênio. Mas a sociedade e o Senado americanos reagiram com energia a partir de 1954, fazendo-o murchar na mesma velocidade com que se havia inflado.

Digo que o "trumpismo" foi muito pior que o macarthismo, porque este era "apenas" um anticomunismo histérico e porque as instituições o puseram para escanteio até com certa facilidade. Salvo melhor juízo, a aventura arquitetada por Donald Trump foi algo muito próximo de um golpe de Estado: em sua quase permanente alucinação, o magnata de fato cogitou manter-se no poder a qualquer custo, em claro desrespeito às tradições institucionais do país. Espanta-me que nem isso tenha levado os americanos a empreender uma reforma política séria, livrando-se das aberrações e arcaísmos que há mais de dois séculos insistem em preservar.

Em 1967 – três anos após a acachapante derrota do republicano Barry Goldwater, sulista e ultradireitista, o cientista político Anthony Downs sugeriu introduzir procedimentos ou pelo menos uma interpretação mais sólida do mecanismo político norte-americano, descartando o enorme entulho de autoelogios políticos que abarrotam suas bibliotecas. Fiquei encantado ao ouvir sua exposição, mas hoje, em retrospecto, minha impressão é a de que a montanha deu à luz um rato. Diferentemente da Europa e dos países por ela influenciados – Downs sentenciou –, a política americana nunca foi e jamais se tornaria virulentamente ideológica. Seus dois partidos (Democratas e Republicanos) seriam imunes a tal moléstia. De fato, na década de 1830, época do presidente Andrew Jackson, firmou-se uma sólida tradição de respeito pelo oponente nos prélios eleitorais. O sistema presidencial de governo parecia encaixar-se com perfeição nesse esquema. Desde então se supôs que um candidato que pretenda disputar a presidência com reais chances de vitória é forçado a se comportar com moderação, posicionando-se tão ao centro quanto possível, sob pena de se isolar numa ponta e ser massacrado, como aconteceu com

Goldwater, que encarnou uma posição direitista *beyond the pale* contra o moderado Lyndon Johnson, que além do mais pleiteava a reeleição. Acontece que Goldwater, com todos os defeitos que se lhe possa atribuir, não ia além do conservadorismo sulista, com aquele inconfundível colorido racista; não se apresentava como portador de uma ideologia sem pé nem cabeça, como a "supremacia branca" de Donald Trump, e muito menos como o McCarthy dos anos cinquenta, um anticomunista histérico. E era, digamos assim, um político normal, não um bilionário nova-iorquino. Por essas e outras, não me surpreenderei se as feridas abertas por Trump demorarem a cicatrizar.

Concedamo-nos, porém, uma pausa para pensar no caso brasileiro, a meu ver muito mais grave. Não me refiro apenas à história recente, em que tivemos no Palácio um inquilino no mínimo tão despreparado quanto Trump. Permitam-me começar por um breve excurso pela armadilha da baixa renda, conceito familiar aos economistas. Como quase toda a América Latina, o Brasil viveu uma primeira fase de crescimento industrial rapidíssimo e depois empacou. Rapidíssimo por razões que todos conhecemos. Em qualquer país, a primeira fase da industrialização se dá basicamente pela incorporação de mão de obra antes ocupada no interior rural, sem condições de melhorar seu baixíssimo índice de produtividade, apta apenas para trabalhar em fábricas, a níveis salariais escorchantes. A esse triste fator agrega-se outro que tampouco chega a animar: tecnologias rudimentares. Em terceiro lugar, competição internacional em acelerado fortalecimento. Dado esse quadro, os formuladores da política econômica optaram pelo que se tem chamado ISI – Industrialização Substitutiva de Importações, copiando ou comprando marcas e patentes no exterior e produzindo-as domesticamente por empresas estatais dirigidas por tecnocratas, não raro bem providos de cabides para empregados desnecessários e, havendo aperto, a atenção de Deus à necessidade de uma inflaçãozinha. Só que aí paramos. Empacamos. Nos deixamos aprisionar na armadilha do baixo crescimento. E agora?

Suponhamos que nossa renda anual por habitante esteja atualmente na casa dos dez mil dólares (desnecessário ressaltar a abismal desigualdade que se esconde atrás desse número). Pois bem: para dobrar nossa renda per capita de dez mil dólares e nos mantermos no nível de 20 mil dólares (que ainda seria de uma lamentável mediocridade), precisaremos de algo em torno de 25 anos. Uma geração inteira. Escusado dizer que o crime organizado, a roubalheira e o desperdício de recursos poderão crescer a taxas mais elevadas que a da renda per capita.

O quadro acima esboçado tem tudo a ver com a nossa máquina de Estado e nosso sistema político-institucional. Só os muito obtusos não percebem que, sem uma reforma política enérgica, estaremos condenados a um dilatado período de pobreza. Reforma, começando por onde? Lamento informar que não temos muitas alternativas. Temos que desmontar o nosso famigerado patrimonialismo e essas barbaridades todas que atendem pelo nome de corporativismo, presidencialismo de coalizão, "centrão" e sabe Deus o que mais. Isso, meus amigos, o patrimonialismo, não fui eu que inventei. Ele vem de longe. Em certa época, nos convencemos de que ele viera de Portugal, transplantado de galho, que cresceria um certo tanto e depois, por razões que ninguém sabia explicar, morreria de morte morrida. Uns poucos séculos e nossa inexorável prosperidade o deitaria a nocaute. Ledo engano. Desde os anos trinta do século XX, quando os governos desandaram a criar empresas estatais, a criar sindicatos de empregadores e empregados pelegos, a conceder ao setor público aposentadorias várias vezes mais altas que as correspondentes ao setor privado, e a agraciar cada parlamentar e cada juiz com uma chusma de secretários e assistentes, o patrimonialismo transformou-se num hipopótamo que nem 150 milhões de lambaris conseguirão arranhar.

Lamento reforçar meu retrato do patrimonialismo explicando-lhes por que reformar a máquina do Estado é mais difícil do que parece. Tempos atrás, o cientista político Theodore Lowi ensinou-nos um óbvio deveras ululante. Disse-nos que só gente muito distraída imagina a política como um tapete inconsútil, sem dobras nem costuras. Só quem não olha direito o que acontece nos três Poderes, nas estatais, nas reuniões de burocratas, nos enxames de lobistas enxerga um todo uniforme, homogêneo, sem diferenciações nem degraus. De jeito nenhum, explicou-nos o mestre Lowi. Existem várias diferenciações e saliências, às quais ele denomina "arenas decisórias". Para bem compreendermos o significado dessa expressão, ele nos pediu especial atenção para este axioma: "uma relação política é determinada pelo tipo de questão [*policy*] que esteja em jogo, de tal modo que, para cada tipo de questão, provavelmente haverá um tipo específico de relação política".[1] As "*political relationships*" a que Lowi se refere equivalem em sentido às já mencionadas "arenas decisórias". Por exemplo, se a questão (*policy*) em jogo for do tipo clientelista (*distributive*, em inglês), você olhará para os lados, tentando identificar os protagonistas da negociação e provavelmente não encontrará nenhum, porque os objetos dessa arena caracterizam-se por seu grande número e variedade – ou seja, por seu altíssimo grau de divisibilidade, que os torna praticamente invisíveis. Pode ser um emprego na máquina pública federal ou estadual, um trator que a prefeitura empresta a um fazendeiro, uma bolsa de estudos para o filho de um apaniguado passar uns tempos na Europa. Qualquer coisa pleiteada de forma individualizada a uma autoridade pública caracteriza uma relação de clientela. Muito diferente, já se

---

1 "[A] political relationship is determined by the type of policy at stake, so that for every type of policy there is likely to be a distinctive type of political relationship" (Lowi, 1964).

vê, da arena "redistributiva", um passo acima em complexidade, cujo objeto são as disputas entre capital x trabalho. Nesse caso, você facilmente descobrirá onde serão realizadas as negociações (a imprensa e as próprias partes em confronto terão interesse em divulgá-las), e logo verá que os negociadores não são numerosos. Há um grupo de cá e outro de lá, cujos integrantes portam vistosos crachás. Você dificilmente perceberá discordâncias dentro de cada grupo, uma vez que eles já chegam lá com tudo combinado, e falam ao pé do ouvido. Mais um degrau acima encontramos o que Lowi denominou arena "regulatória". À primeira vista parecida com a arena redistributiva, a arena regulatória não contrapõe classes, mas setores. Os participantes não são numerosos, e são em geral muito bem-preparados para suas funções. Estarão bem identificados e não se importarão se alguém der publicidade a suas sessões. Mas o essencial é que aqui vamos falar de briga de cachorro grande. A ANP (Agência Nacional do Petróleo) diz quem decide sobre combustíveis. A Aneel (Agência Nacional de Energia Elétrica) te dirá para não se meter nesse assunto, é coisa de gente especializada ou do próprio governo, que te autorizará ou não e te dará ou não os recursos necessários para montar uma hidrelétrica, grande ou pequena. Decorridos dois anos de pandemia e com todo o cuidado que se requer na autorização de remédios, você já ouviu a sigla Anvisa (Agência Nacional de Vigilância Sanitária) pelo menos umas 800 vezes.

Mas vejam vocês que coisa curiosa. Theodore Lowi, um liberal de quatro costados, crítico veemente das distorções que soem medrar na administração pública norte-americana, esqueceu-se da mais importante das arenas, a arena das arenas. E como quem se lembrou dela fui eu, batizo-a eu. Vai se chamar arena acumulativa. Óbvio, não? A acumulação de capital é o alfa e o ômega do crescimento econômico. Nessa arena, as cédulas que 500 ou 1.000 espertos clientelistas embolsam é dinheiro de troco. Aqui estamos falando de grandes empresas estatais, infraestrutura, tecnologia avançada, grandes empreendimentos, mandar foguetes ao espaço. Tudo muito grande nos Estados Unidos e imensamente grande para nós, que aí mal colocamos o nosso pezinho. Os Estados Unidos são o ícone mundial do liberalismo econômico, mas despejam dinheiro público em suas principais universidades e institutos técnicos, na fabricação de armamentos, em veículos bélicos e sabe Deus em que mais. Já ouviu falar na NASA? Pois é. Ela faz um jeep pousar em Marte. Nessa arena, os protagonistas são poucos, mas de uma coisa você pode estar certo: o presidente da República está lá ou está conectado. Os produtores das engenhocas relevantes para esse pessoal aparecem assiduamente nas capas das principais revistas, das quais existem centenas. Você jamais verá um desses personagens a caminho de uma reunião dirigindo seu próprio automóvel, carregando uma pasta cheia de documentos ou algo dessa forma. Consegue imaginar um deles sem uma secretária pecuniariamente bem situada carregando seu guarda-chuva, para protegê-lo de uma amena garoa? Não, meu caro leitor, estamos falando de coisas que se passam a anos-luz de distância.

Tudo enorme, gigantesco, mas há um detalhe que não podemos esquecer. Esse pessoal não vive saltitando num tapete mágico. São limitados pelo sistema institucional do país, e aí, quando os lambaris encasquetam de encarar um hipopótamo, mesmo de médio porte, a coisa fica feia. Cada um nos três Poderes e nas agências regulatórias tem suas prioridades e nem o presidente, por mais que o idolatremos como o nosso fetiche, dispõe de uma bala de prata para liquidar a fatura toda de uma vez. Façamos então um breve apanhado do trajeto que percorremos até aqui. Comecei lembrando que há dois mil e quinhentos anos já existia um debate bem azedo sobre o que é melhor, o governo estar ou não nas mãos de um único homem. Depois falei do nosso secular, egrégio e ao que tudo indica inexpugnável patrimonialismo.

Rabisquei algumas linhas sobre a "armadilha da baixa renda" – com cuidado para não deprimir ninguém –, e apressei-me a lembrar que, sem uma reforma política de verdade, tudo isso é mera tertúlia para acalantar gado vacum.

Voltemos então ao Congresso e aos partidos. Tem-se avaliado que o Congresso vem se saindo algo melhor que o esperado. Daí não se infira que a arrecadação e o gasto conviverão amigavelmente abraçados. O Judiciário (incluindo o Supremo Tribunal Federal), cujos integrantes são nomeados segundo um procedimento muito do agrado do presidente da República, parece mais empenhado em combater o combate à corrupção que a corrupção propriamente dita, dispondo para isso de um *Exocet* constitucional – o "trânsito em julgado" – que talvez nem tenha sido inventado com essa intenção, mas que é um dos principais responsáveis pela multidão posta a mofar em Pedrinhas. Lembremos também que os integrantes desse Congresso "que tem se saído melhor que o esperado" têm mais poder sobre o orçamento brasileiro que seus congêneres do Primeiro Mundo, aqueles que batem ponto nos legislativos dos países da OCDE.

O problema, se me permitem voltar ao sério, é que o acoplamento do sistema presidencialista a um Congresso indócil, tumultuário e em parte iletrado sempre dependerá de milagres. Isso por várias razões, a principal das quais é que nossa Câmara Federal está dividida em 24 partidos, o maior dos quais detém apenas 15% daquela multidão de 513 deputados. Convenhamos que isso e nada são a mesma coisa. No sistema presidencial, o Executivo não dispõe de meios legítimos para forçar um Legislativo recalcitrante a aprovar reformas reconhecidamente necessárias; e o Legislativo, por sua vez, não tem como destituir um Chefe de Governo falto da competência e da estatura moral que o cargo pressupõe. Nesse arranjo, para afastar um presidente, nosso único recurso legítimo é o *impeachment* – procedimento complexo, demorado e perigoso, que exige demonstração do chamado "crime de responsabilidade", gongorismo que nem os estratos mais instruídos da sociedade conseguem entender direito. Dei meu apoio ao *impeachment* da presidente Dilma Rousseff *sine ira et studio*, sem ódio nem paixão, mas preferiria tê-la visto afastada com base tão-somente em sua insofismável incompetência, por meio de um simples voto de não-confiança, como é praxe nos países parlamentaristas.

13. A QUINTA MORTE DA DEMOCRACIA

Examinando as condições de atraso econômico e assustadora pobreza na virada do século XIX para o XX, Euclides da Cunha escreveu que o Brasil era um país "condenado à civilização". Não tínhamos como ficar parados, nem como ceder à lentidão. Precisávamos andar rápido e a direção só poderia ser a do progresso e da edificação de instituições racionais.

Adepto da filosofia positivista, à qual não faltava certo viés autoritário, Euclides não percebeu que uma parte do problema havia sido resolvida já em 1824. É mais que óbvio: saindo de uma tirania colonial, acaso tínhamos a opção de insistir no absolutismo português, ou a de nos deixarmos resvalar para o caudilhismo de sabor ibérico que começava a estraçalhar a América de fala espanhola? Esses seriam caminhos curtos para também nos fragmentarmos e cair na desordem. O Estado Constitucional e seu corolário, o sistema representativo de governo, eram a ponte que nos levaria ao futuro e à civilização. Na última década daquele século, não fora o gênio de Rui Barbosa, é muito possível que tivéssemos sucumbido à nossa própria fraqueza.

Numa breve retrospecção, podemos dizer que a morte da democracia representativa, que se iniciara com a Constituição de 1824, foi anunciada pelo menos cinco vezes desde o início da República, e apresso-me a esclarecer que argumentos idênticos foram enunciados em diversos países, inclusive no sul da Europa, e que não os subestimo. O apanhado que faço em seguida não tem intenção de caricaturá-los.

Primeiro, afirmou-se que nossa democracia seria mais um triste caso de mortalidade infantil. Os mecanismos institucionais da democracia – eleições, partidos, parlamentos – não conseguiriam se "desprender" do poder privado dos fazendeiros, dos potentados caipiras, cada um trazendo dentro de si o DNA da política de campanário. A proveniência desse argumento era basicamente o protofascismo que começava a ganhar contornos na Europa mundial, mas o próprio Sérgio Buarque de Holanda, cuja integridade democrática ninguém jamais pôs em dúvida, mas que em diversas ocasiões cedeu a um liberalismo cético, chegou a flertar com ele em seu nunca assaz louvado *Raízes do Brasil*, de 1936. Excessivamente inclinado a analisar a sociedade só por um prisma de história cultural, não acreditava que viríamos um dia a reverenciar normas jurídicas gerais pairando sobre nossas cabeças. Seu pesadelo, como o de tantos ensaístas da primeira metade do século passado, era a hidra do passado colonial deglutindo nossa nascente democracia com o apetite de uma sucuri deglutindo um inocente poodle.

Nos anos trinta remeteram-nos o segundo atestado de óbito, esse acompanhado de um nítido certificado de origem fascista. A democracia liberal – dizia o documento – era plausível enquanto seu horizonte limitava-se a rusgas entre grupos de notáveis provincianos que se autointitulavam partidos, cada um querendo impor sua vontade na nomeação da professora rural ou do agente local dos correios. O portador da correspondência, o mineiro Francisco Campos, misto de jurista e "coronel" que antes fizera algumas coisas boas em sua base política local, viria a ser o solitário autor da Constituição ditatorial de 1937 – e foi nessa condição que trouxe o já referido atestado. Abraçado, então, ao esteio fascista que Getúlio Vargas mandara fincar no Rio de Janeiro, erguia seu agora litorâneo topete para afirmar que o liberalismo concebera o mundo político segundo a imagem da esgrima forense, não percebendo que o advento do capitalismo industrial catapultara os conflitos à estratosfera, incutindo-lhes uma mortífera disposição para os confrontos entre o capital e o trabalho. Daquele ponto em diante, só haveria espaço para cachorros grandes. Agora, só "governos fortes". O curioso dessa história é que, mal acabara de redigir a "polaca" de 10 de novembro e já o Ministro da Justiça, com a tinta fresca que lhe sobrara na caneta, rascunhava as primeiras linhas do papelório corporativista que iria reduzir os sindicatos, tanto os de empregadores quanto os de empregados, aos "pelegos" de nossa triste história trabalhista.

O fascismo chegou a plantar raízes em alguns dos nossos vizinhos – na Argentina, notadamente –, mas no Brasil virou carta fora do baralho desde o embarque de nossa Força Expedicionária para o combate na Itália. Finda a Grande Guerra, por toda parte a palavra-chave passou a ser "desenvolvimento". Uma pena esse termo, em tese nobre, comportar tantas acepções, muitas delas abertas à tese de que a democracia seria incapaz de cumprir certos "pré-requisitos". Ficaria grudada no chão como um teco-teco que já não prestava quando novo, imagine-se agora, enferrujado e sem peças de reposição. Mas, entendamo-nos: nem todos os que se afeiçoaram a esse novo ceticismo pendiam para o lado autoritário. Muitos erraram porque erraram mesmo, abeberando-se em fontes de teoria econômica não muito superiores ao teco-teco. De um lado e de outro, os novos pirrônicos apregoavam que a democracia só seria possível em sociedades que já tivessem feito o dever de casa. Ou seja, que previamente se houvessem adiantado no crescimento econômico e contassem com uma população culturalmente homogênea, altamente escolarizada, bem qualificada para o trabalho e orgulhosa de seu robusto consenso nacional. Hoje, é fácil perceber que os filósofos dessa nova elucubração se esqueciam de um pequeno detalhe. A democracia não foi inventada para ser desfrutada por sociedades que, no fundo, já não precisavam dela. Sociedades que já houvessem superado suas piores agruras e desavenças, e que, quase distraidamente, tivessem organizado suas instituições representativas. Ora, ora, caros leitores, a democracia começou a ser inventada séculos atrás justamente para que as sociedades possam equacionar seus conflitos com o mínimo possível de violência, evitando inúteis episódios de destruição de capital humano e material, e dentro de um marco institucional justo e acessível à maioria da população adulta.

A quarta morte da democracia deu-se no contexto da Segunda Guerra, estendendo-se no pós-guerra pela famigerada Guerra Fria. Podemos evocá-la sob múltiplos prismas, mas o que ora me ocorre é a abundância de reflexões a que ela deu ensejo, notadamente pela voz dos ideólogos marxistas. Num fraseado famoso, a sentença de morte da democracia estaria embutida na acelerada ascensão econômica e na superioridade tecnológica da economia planificada de tipo soviético. Um dos pregoeiros dessa tese foi Isaac Deutscher, um homem culto, mas nem tudo é perfeito. O italiano Antonio Gramsci, afiliado ao Partido Comunista italiano – a quem rendo meus respeitos pelo tempo em que mofou num cárcere fascista –, fez um arranjo dessa peça para soprano ligeiro: o socialismo triunfaria no campo da cultura, sem necessidade de revoluções sangrentas. A voga dessa pregação foi de tal ordem que enriqueceu editores e livreiros em todo o planeta. Uma vez anunciado que determinado "filósofo" descobrira mais um caminho para a sociedade sem classes, no dia seguinte centenas de universitários faceiramente ostentavam seu volume debaixo do braço. Era até símbolo de status. Ter o livro, era uma coisa; fazer-lhe a leitura, outra; entendê-lo, outra. Certa vez, num seminário de pós-graduação, precisei ser muito respeitoso para não deixar um rapaz em má situação. Iríamos discutir um *"libro muy novedoso"*, a tradição castelhana de um *superstar*, se não me engano grego, que refulgente decolara rumo ao firmamento marxista. A certa altura o rapaz confessou que não compreendia a expressão *"la problemática del motivo"*. Pedi-lhe o volume para conferir a passagem, e logo vi que ele não podia mesmo compreender, uma vez que se tratava de uma tradução errada de uma expressão francesa: *"la problématique du Sujet"*, a problemática do Sujeito. A discussão proposta pelo sideral autor tinha a ver com o conceito de Sujeito Histórico, quer dizer, qual seria, entre as diversas alternativas concebidas pelo marxismo, o Sujeito (vale dizer, o grupo, a classe, o partido...) que iria providenciar a transição para a "sociedade sem classes". Mas, por favor, emprestem-me novamente seus ouvidos. Nem todo o trabalho mental que deu origem a essas obras extraordinárias foi realizado em presídios fascistas. Uma das mais fulgurantes veio à luz placidamente, pouco a pouco, na quietude de um bistrô no Boulevard Saint-Germain. Foi de lá que ela alçou voo para se tornar o absoluto *sine qua non* em matéria de símbolo de status. Falo, naturalmente, da *Critique de la raison dialectique*, de Jean-Paul Sartre, publicada em 1960 pela Librairie Gallimard de Paris. São 755 páginas, 60 linhas por página (o dobro do normal), sem a costumeira "*Table des Matières*" e tampouco o burocrático "índice remissivo". Confesso nunca ter tido o prazer de travar conhecimento com alguém que tenha atravessado sem preocupações a pinguela intitulada "Question de Méthode", que soe ser a introdução do livro.

Mais complicada, até porque, graças a Deus, ainda não apresenta contornos nítidos, é a quinta morte. Todos os dias da semana, infalivelmente, algum jornal ou revista de prestígio no Primeiro Mundo soa o alerta: a democracia está morrendo! Acompanho de maneira assídua e com especial respeito os escritos da Sra. Anne Applebaum, jornalista da revista americana *Atlantic Monthly*, cujos escritos geralmente têm a desejável densidade. Lamento, porém, informar que ela é uma exceção. No restante dessa frondosa literatura, é difícil encontrar uma tese que já não tenha sido trombeteada algumas centenas de vezes, desde a primeira morte, que, como vocês se lembram, foi diagnosticada como um caso de mortalidade infantil. Leio por toda parte que a opinião pública se deixou tomar por uma furibunda hostilidade às instituições democráticas (e me pergunto se poderia ser diferente, com o mundo imerso numa sucessão de crises e muita gente entrando na política eletiva para fechar as contas do mês!). Afirma-se também que a democracia representativa é incompatível com a complexidade da sociedade atual, na qual já não se discernem classes sociais, e sim uma infinidade ameboide de grupos, movimentos, conselhos etc.? É outro argumento que me intriga. Nos primórdios, como se lembra, o problema era a esquelética simplicidade que se enxergava a olho nu em qualquer país, com "notáveis de aldeia" e canalhas de vários tipos quebrando, com um pé nas costas, a altivez que em épocas pretéritas se suponha viria a ser o beneficiário da representação democrática. Seja como for, o resumo da ópera é este: a democracia está com um pé na cova porque agora a norma é o caos; o representante não sabe a quem representa, e a própria noção de representação perdeu o sentido.

Por favor, dispensem-me de informar que não sou nenhum Pangloss. Também me preocupo, e muito. Até porque sou cidadão que no momento parece incapaz de encontrar um rumo, em que os principais candidatos à presidência são populistas de uma laia que eu pelo menos julgava extinta, e no qual a degradação da política eletiva está de fato semeando um aroma de repulsa entre milhares de cidadãos que poderiam estar fazendo um trabalho construtivo.

Tudo bem, a democracia acabou, o que vamos pôr no lugar dela? Suponho que o fim de todas elas não levaria consigo os atuais oito bilhões de terráqueos, porque, nesse caso, o problema estaria resolvido. Sem cidadãos a representar, não há necessidade de instituições que os representem. Cogitemos, porém, outra hipótese. As democracias acabaram e restaram oito bilhões de seres humanos com as costumeiras necessidades de governo, ordem, trabalho, nutrição... Que farão os remanescentes governos não democráticos (em geral menos produtivos que os democráticos)? Apelarão para uma "solução final", como Hitler cogitou fazer pelo menos com os judeus?

Convenhamos que tais hipóteses são extremas, senão fantasiosas. Admitamos também que alguns governos, os assumidamente totalitários, nomeadamente a China e a Rússia, não creem em lágrimas. A China, em particular, e seus coadjuvantes Vietnã e Coreia do Norte, acaso terão chegado a um nível tão espantoso de produtividade e riqueza que lhe permitirá controlar sem coceiras todo esse Himalaia de problemas que tentei esboçar? Conseguirá a China, cujo Partido Comunista hoje controla com mão de ferro um capitalismo selvagem, mas que começa a dar sinais de desaceleração, assumir uma parte substancial desse imbróglio? Poderão a Venezuela do Sr. Nicolás Maduro, a Nicarágua de Daniel Ortega e a Cuba dos Castro, com seus vastos recursos, aliviar a China e a Rússia de uma parte da carga que certamente iria lhes caber? Ou, quem sabe, pujantes ex-satélites soviéticos, como a Cuba castrista ou a Hungria desse Sr. Viktor Orbán, pelo menos conseguirão sobreviver sem os subsídios que recebiam da URSS, e que ajudaram a afundá-la?

Não subestimo nenhuma das hipóteses sobre o fim da democracia em que tropeço diariamente, mas, sinceramente, penso que o problema é bem outro. Na história das democracias, o fator preponderante nos retrocessos e rupturas sempre foi a falta de responsabilidade e de convicção das elites, sua carência do mais elementar bom senso e, por que não o dizer, sua covardia quando o exercício da autoridade governamental se fez necessário.

14. O QUE É POLÍTICA?

Espalhados atualmente por todo o mundo, os cientistas políticos estudam assuntos para lá de inusitados, mas não me consta que algum tenha tentado documentar como tenha sido a vida política no tempo das cavernas. Essa lacuna me entristece, porque em todos os meus estudos, tento conhecer as coisas desde o começo.

O mistério, no caso, parece não ter solução, por uma razão que passo a explicar. Para a maior parte de nossas atividades, não precisamos de ajuda. Meu churrasco pode não sair grande coisa, mas consigo fazê-lo e muita gente já comeu sem reclamar. Se estou sozinho em casa e resolvo ir ao teatro, nenhum problema, olho a programação, compro a entrada e vou. Mas política não tem jeito.

Além de estar vivo, condição *sine qua non*, você precisa de um aliado, um sujeito que te apoie, porque se aparecer um adversário mais forte, você vai se dar mal. Os economistas também, quando tentaram compreender como um indivíduo sobrevive, produz alguma coisa e se engaja em algum comércio, viram que sua história não poderia decolar só com o Robinson Crusoe. Por isso lhe arranjaram Sexta-Feira, um companheiro simpático, que o ajudava a tocar as atividades cotidianas necessárias à sobrevivência. Quer dizer, a busca de apoio é o passo inicial tanto na política quanto na economia.

Muitos estudiosos e filósofos tentaram compreender a política por outros caminhos. O alemão Carl Schmitt, um grande intelectual que chegou a simpatizar com o nazismo, mas teve o bom senso de tirar o corpo fora, tentou teorizar a política pelo caminho oposto, sem contato algum com a natureza, ao contrário de Robinson Crusoe e Sexta-feira, que tanto a apreciavam. Schmitt partiu da constatação (ou do que lhe pareceu ser uma constatação) de que o conhecimento humano sempre segue uma linha dedutiva, contrapondo em abstrato dois polos apropriados ao objeto de interesse. Nas artes, por exemplo, a contraposição apropriada é entre o belo e o feio. Na ética, é entre o bem e o mal. E na política? Ora, concluiu, política é luta, poder, conflito; segue-se que a contraposição apropriada só pode ser amigo x inimigo. Suponhamos duas igrejas – duas denominações religiosas – que coexistam num mesmo bairro, mas não morram de amores uma pela outra. O Deus de uma não é o Deus da outra, por isso vão pastoreando suas ovelhas, cada uma a seu modo, sem interesse pelo que a outra faz. Mais eis que um dia surge uma rixa qualquer e elas se tornam inimigas figadais. A coisa começa como um reles xingatório, depois elas decidem organizar passeatas com ícones grosseiramente ofensivos até que um dia partem para a cacetada. Teve gente que até usou pé de cadeira. Não teve mais volta. Bem, aí o que começou como amizade, ou um pouco menos, digamos uma indiferença, mudou de natureza, transformou-se em confronto de verdade. Aposto que até o professor Carl Schmitt se assustou, mas como intelectual sério que era, regozijou-se. Regozijou-se indevidamente, pois o que fez foi descrever a gênese de um antagonismo específico. Não realizou nem meio por cento de seu projeto intelectual, que era chegar à essência do político, quero dizer, da política no masculino, como lhes adiantei. O feminino é banal, quase todos nós o conhecemos.

O também alemão Max Weber, sem sombra de dúvida o maior sociólogo do século XX, deve ter percebido claramente que nem o homem das cavernas nem os prelados das duas igrejas lhe seriam de grande valia. Descartou de saída o propósito de decifrar o que, em última análise, devemos entender por política. Eu que não sou dessas coisas me atrevi outro dia a fazer alguns reparos em sua obra clássica (e última) *A política como vocação*, de 1919. Quem "ouve" a simplicidade de suas afirmações iniciais pode até pensar que ele estava com preguiça. *"Por política – ele escreveu – queremos entender apenas a liderança, ou o intento de influenciar os líderes de uma associação política, que atualmente significa um Estado"* (1968, p. 77). E prossegue: *"Sociologicamente, o Estado só pode ser definido em termos dos objetivos que busca realizar"*, uma vez que todo objetivo que se queira imaginar é ou já foi realizado pelo Estado atual ou por alguma das associações que o precederam historicamente. Portanto, nós só podemos definir o Estado em termos do meio que lhe é específico, e esse meio é o recurso legítimo à força física. Segue-se, pois, que o Estado é uma comunidade que reclama para si, com sucesso, o monopólio da força física legítima dentro de um território. E, por conseguinte, "política" significa o intento de compartilhar o poder ou influenciar na sua distribuição entre Estados ou entre grupos dentro de um Estado (p. 78).

Para não repetir dúvidas que levantei noutros textos, peço a atenção do leitor para lembrar que Weber segue a mesmíssima trilha adotada por Francis Bacon em seu *Novum Organum*, exatos trezentos anos antes dele. Como Bacon, Weber queria manter a maior distância possível de Aristóteles (e, por conseguinte, de São Tomás de Aquino e de toda a linhagem aristotélica). Chego a imaginar que Weber e Bacon sentiriam urticária se alguém lhes pedisse para explicar o conceito de "bem comum", pedra angular da filosofia política de Aristóteles. Foi nesse ponto que percebi que concordava, mas não *in totum*, com Weber e Bacon. Recuperar o conceito de "bem comum" no exato sentido de Aristóteles não me parece desejável – nem necessário. Mas não vi necessidade de jogar fora o bebê com água do banho. Pressenti que a evolução das ciências humanas nos 300 anos transcorridos desde Bacon e nos 100 desde Weber poderia ajudar-nos a separar o joio do trigo.

O pomo da discórdia que afastava Bacon e Weber de Aristóteles era sobretudo o conceito de "bem comum". Para os dois primeiros, presumir que uma coletividade busca realizar um "bem comum" equivale a postular um "bem" que todos os habitantes de tal coletividade possam perceber e compreender da mesma forma. Implica postular uma entidade holística, um Sujeito homogêneo e omnisciente que transcenda a coletividade e se dedique como um pai a prover tudo o de que ela necessita para sobreviver. É fácil compreender que qualquer conceito aparentado a esse será rejeitado por todos quantos busquem conhecer a realidade dentro dos parâmetros epistemológicos do mundo atual.

Mas..., há um mas. Não vejo como contestar a base da filosofia política aristotélica – o homem é um "animal político", quero dizer, a proposição de que um ser humano não tem condições de viver isolado, perdido em algum ermo, sem alguma colaboração e sem contato com semelhantes. Penso, por outro lado, que a maior parte da questão se esclarece se descartarmos o "bem comum" no singular e o substituirmos por "bens comuns", no plural, como propõem os economistas. "Bens públicos" ou "bens coletivos", como queiram. São "públicos" ou "coletivos" todos os bens ou serviços que não possam ser providos a um indivíduo ou grupo se não o puderem ser, igualmente e nas mesmas condições, aos demais integrantes da categoria tomada como referência. Suponhamos que o prefeito de uma de nossas metrópoles, atendendo a demandas dos munícipes, destine uma parte de seu orçamento à construção de um viaduto. Concluída a obra, a autoridade em questão obviamente não pode facultar seu uso a uma parcela da comunidade se não o puder fazer simultaneamente a outros indivíduos que integrem de pleno direito a mesma categoria. Uma decisão nesse sentido infringiria os fundamentos legais e morais pertinentes ao cargo ou cargos que embasam as investiduras públicas de tal metrópole. Diariamente, milhões de indivíduos precisam prover suas necessidades, e não podem ser impedidos de o fazer, salvo se todos os demais em categorias semelhantes também o forem. Esse exemplo corriqueiro parece-me autorizar uma derivação de suma importância: a própria pólis ou Estado é um bem público, indivisível, que há de ser provido a todos, pois não se concebe – não no mundo moderno – que governos possam tomar decisões tão grosseiramente discriminatórias sem serem chamados às falas pelos órgãos públicos competentes e, no limite, à barra dos tribunais. Admito que um Estado não tem condições de proteger – quero dizer, manter a ordem de que todos necessitam, ou se empenhar em fazê-lo até o limite de seus recursos – todos os habitantes. Mas a "ordem estatal" é um bem público, mesmo admitindo que o resultado agregado de sua ação seja insuficiente para erradicar todas as desigualdades. Não foi outra a razão que levou Weber a expressar esse problema como uma questão de grau, recorrendo a uma expressão probabilística: a "validade de uma ordem estatal".

Admitido que o plural "bens públicos" nos livra das turbulências do conceito aristotélico de "bem comum", cumpre-nos explorar um pouco mais e tentar compreender como são processadas as demandas e ações políticas que se dão no âmbito desse novo Estado, ou seja, desse Bem Comum reelaborado. Aqui vou discorrer um pouco sobre o que Mancur Olson Junior pioneiramente sugeriu e denominou a Teoria da Ação Coletiva (1968), estabelecendo as devidas conexões com a reflexão de Max Weber sobre a atividade política.

O personagem da bela reflexão ética de Weber na *Vocação* não é o cidadão comum. É o estadista, o chefe de Estado, aquele que um dia, na paz ou na guerra, terá de assumir pesadas responsabilidades. Se nos limitássemos a seguir suas pegadas, pensando só no estadista, nossa tarefa consistiria apenas em separar os Churchill, de um lado, e os canalhas (com destaque para Stalin e Hitler?), do outro.

Mas o problema que nos cumpre examinar é muito mais amplo. Abrange milhares, milhões de pessoas. Aqui, nossa obrigação é examinar o interior de uma grande máquina, um Estado que se incumbe de prover a seus habitantes uma quantidade inumerável de bens públicos a fim de satisfazer quantidades igualmente imensas de demandas, e não só isso, tratando de conciliar fins que soem colidir a todo momento. Se os bens em questão e os cidadãos que os demandam fossem homogêneos, ou seja, se pertencessem todos a uma mesma categoria, a ação pública seria algo mais fácil, mas isto não é verdade, estamos falando de uma quantidade que é também uma variedade imensa, e que, portanto, impõe uma inexorável pressão no sentido de agregar e conciliar prioridades.

Dá-se, portanto, que nosso político não pode ser concebido como um pequeno número de indivíduos facilmente identificáveis – os estadistas weberianos –, mas analiticamente, como uma abstração, ou como um tipo médio. O que sabemos sobre ele é muito pouco. Sabemos, desde logo, que ele tem ciência de que toda ação tem custos e benefícios; se nada fizer, se não participar, se não se associar a alguma organização, suas demandas serão ignoradas ou, no mínimo, subestimadas. Sabemos, em segundo lugar, que uma parcela desse imenso formigueiro poderá agir por altruísmo, tomando a iniciativa, puxando o carro, despendendo energia física, entrando em conflitos; mas não é nem remotamente plausível supor que a maioria deixará de lado seus afazeres e prazeres para se engajar num esforço parte do qual reverterá de um jeito ou outro em seu benefício, "de graça", pressupondo, como é imperativo pressupor, que uma parte de tal comunidade contribuirá para a consecução do objetivo. Em terceiro lugar, como já foi passageiramente indicado, os custos das ações, quer estas sejam diretamente políticas ou não, envolvem riscos, implicam alta probabilidade de conflitos, algumas vezes solúveis na base do estilingue, mas que em certas ocasiões atingirão um limiar mais alto, o das armas letais.

O que acima se expôs tem como decorrência que não podemos conceber esse novo Bem Comum como uma simples dualidade, os que têm exigências (demandas) a fazer e os que fazem das tripas coração para satisfazê-los. Já vimos que, mesmo dentro de uma comunidade homogênea no tocante às demandas, sempre há um conflito latente entre os que assumem o esforço e os que esperam sentados sua parcela dos resultados. Há também uma batalha pela fixação de prioridades, batalha tão grande e diversificada quantos sejam os tipos de demandas. Contudo, não podemos deixar no limbo uma proposição já exposta em conexão com a teoria da "ordem estatal" de Max Weber. Em que pese a função decisiva da força e toda a miríade de negociações que instituições e entidades privadas mobilizam a fim de reduzir os conflitos, esse objetivo nunca é atingido na medida necessária. Teríamos que estender muito este texto para lembrar um paradoxo enunciado desde Maquiavel: o de que, no Estado moderno, a menos que toda a humanidade adira a regimes totalitários como o soviético ou o chinês, com uma concentração no ápice de todas as formas de poder, um certo grau de conflito é uma parte do controle social, ou seja, contribui para o controle do conflito em geral. Um agrupamento que aceite a perspectiva do conflito ajuda a dissuadir uma ou outras partes inclinadas ao combate. Esta, naturalmente, é a origem do moderno conceito de regime político. Até a época absolutista, facções dinásticas podiam eventualmente neutralizar facções adversárias, mas nada, salvo um soberano com excepcional autoridade, garantia que o resultado fosse uma relativa paz. Mesmo o advento do Estado Constitucional, a partir da Revolução Francesa, não engendrou de imediato a democracia representativa. Esta, que corresponde com exatidão à ideia de um regime e não meramente à da "ordem estatal" weberiana, é uma engrenagem institucional precipuamente baseada na noção de que um certo grau de conflito, regulado por leis e por "eleições periódicas, regulares, limpas e livres", não nasceu da noite para o dia. Embora tenha sido citada milhões de vezes, não custa lembrar a advertência contra "o risco das facções" expressa por George Washington em seu discurso de despedida, no ano 1796. Na alocução do presidente americano, o termo "facção" já não admite o absolutismo, mas ainda não permite visualizar um sistema institucionalizado de partidos, com respeito mútuo entre os oponentes, essência do conceito de partidos na acepção moderna. Neste sentido, não descabe conjecturar que o reconhecimento da legitimidade do adversário – avanço que se configura nas primeiras décadas do século XIX – possa ter sido tão importante ou até mais importante que os pilares propriamente institucionais dos conceitos de partido e competição eleitoral.

Como o entendo, e à luz da argumentação desenvolvida até aqui, causa-me certo incômodo o excessivo distanciamento pretendido por Max Weber em relação à teoria do Estado – a politeia – de Aristóteles. Antes de concluir, peço licença para destacar: 1) meu fraseado do conceito de política, que começa pelas noções de apoio ou aliança; 2) uma diferença fundamental entre os conceitos de "ordem estatal", esta sim tendo como cerne o recurso à força física, e o de "regime"; 3) o desenvolvimento recente, na ciência política, das ideias de retrocesso e ruptura (ou *breakdown*, como prefiram), uma derivação fundamental da ideia de regime.

Defendo que o elemento-chave da ideia de política é a busca de apoio e a formação de alianças com vistas a reduzir ao mínimo possível o recurso à força. Neste sentido amplo, o sucesso da política depende fundamentalmente da observância de estipulações institucionais reguladoras do poder, de traços da cultura política, mormente o reconhecimento de sua mútua legitimidade entre oponentes, e do comedimento como padrão comportamental em todo o espectro de ações individuais e grupais que a política acarreta.

Como indicado no capítulo 2, *regime* é o termo a que recorremos para comparar países ou diferentes fases na vida de um país *quando o critério relevante é o grau de coerção que a máquina estatal exerce sobre a sociedade*, ou, dito de outro modo, os limites dentro dos quais o setor "público" interfere no setor "privado", ou ainda, o grau em que o "governo" pode legitimamente controlar as associações, famílias e indivíduos – quero dizer, a sociedade em geral. *Segue-se que a ideia de regime diz respeito às ações empreendidas por um governo ou sucessivos governos no sentido de aumentar ou diminuir o grau de controle, coerção e repressão sobre a sociedade.* Se, nesse aspecto, um governo implementa mudanças substanciais, promulgando (ou suspendendo) leis e decretos, aumentando (ou diminuindo) a vigilância sobre indivíduos e grupos, intensificando (ou reduzindo) a coleta de informações e ações de inteligência, dizemos que ele está alterando o regime. Tais alterações podem ocorrer por alguns dias apenas, durante emergências, ou perdurar por períodos até mais longos que o governo que as implanta. Recapitulando, governos são temporários e facilmente reconhecíveis. Estados e regimes são decantações históricas, portanto mutáveis, mas normalmente duram muito mais que os governos.

Concluindo, ouso afirmar que a concepção do Estado de Max Weber requer um *modicum* de "aristotelização" sob pena de equipararmos toda política a jogos de cabra-cega, nos quais indivíduos visualmente deficientes se matam sem atinar por que o fazem. Em última análise, alguma ordem pode existir em qualquer latitude, mas ela só se torna virtuosa quando se materializa como instituições, quero dizer, organizações estáveis, que recorrem à força e a outros recursos coercitivos tão-somente quando tal ação se torna indispensável para efetivar o objetivo de equacionar os conflitos que soem emergir em qualquer momento e em qualquer sociedade com o mínimo possível de violência (e, por via de consequência) de destruição de capital humano ou material. Eterna e universal, a política se dá a conhecer através das objetivações ou formas concretas que assume ao longo da história, entre as quais é imprescindível destacar não só as burocracias ou máquinas de Estado, mas também as instituições judiciárias e os regimes, ou seja, as engrenagens que regulam e tornam efetivo o pluralismo social e político.

O conceito de desenvolvimento político como desenvolvimento institucional, ideia introduzida nos anos sessenta do século XX pela elite internacional da Ciência Política, não correspondeu aos resultados esperados por várias razões que não posso aqui explorar na extensão necessária. Mas gostaria de frisar duas razões fundamentais no caso da democracia representativa. Primeiro, uma ênfase excessiva na prévia existência de uma máquina de Estado (Fukuyama) e o teor claramente teleológico (Huntington) do marco teórico subjacente. Na virada da década de sessenta para setenta, coube ao cientista político Juan Linz assumir de um modo mais explícito e vigoroso uma perspectiva valorativa centrada na democracia representativa e, em especial, nos processos de retrocesso e ruptura (*breakdown*) a que ela, como qualquer regime, é vulnerável. Recuperamos, assim, (com certo atraso!) o estudo dos regimes, da estabilidade e da ordem e, não menos importante, dos processos de retrocesso e ruptura. Sistemas políticos são contingentes, isto é, sempre e em alguma medida falíveis, sujeitos a *breakdowns*. A derivação quiçá mais importante dessa revisão foi restabelecer a dignidade da noção de *institution crafting*, vale dizer, a de que a edificação de sistemas políticos e em especial de democracias são um fazer coletivo, a elaboração de uma paz esquivamente garantida por instituições racionalmente concebidas.

15. REFORMA POLÍTICA: QUAL, COMO, PARA QUÊ?

A invasão do Congresso americano na primeira semana de 2021 por baderneiros aliciados pelo candidato derrotado, Donald Trump, foi a pior agressão às instituições americanas desde o macarthismo, histeria atiçada nos anos 1950 por Joseph McCarthy, senador por Wisconsin.

Muito pior, porque o macarthismo era "apenas" um anticomunismo histérico, ao passo que o intento de Trump foi claramente um intento de se manter no poder a qualquer custo, através de um golpe de Estado, portanto, em claro confronto com a tradição institucional do país. Brechas para tanto existem, a mais flagrante sendo, a meu juízo, a combinação norte-americana do voto direto exercido pelo conjunto do eleitorado e indireto (este, através do Colégio Eleitoral, com seu claro potencial de deformar o resultado da votação direta). Reconhecido por quase todo o mundo como um modelo político exemplar, os Estados Unidos deixaram-se acomodar e nunca cogitaram uma reforma política séria. Em 2016, a ascensão à presidência de um indivíduo despreparado e atrabiliário dramatizou o caráter aberrante e arcaico da mencionada deformação.

Em 1967, o cientista político Anthony Downs propôs deixar de lado a visão histórica autocondescendente dos americanos, substituindo-a por um lastro teórico mais sólido. O argumento dele, na verdade, era bem simples. Diferentemente dos países influenciados pela Europa, a política americana nunca foi permeada por enfrentamentos ideológicos. Seu sistema partidário sempre foi balizado por duas grandes organizações: Democratas e Republicanos. O sistema de governo presidencial completa o quadro. Um candidato que se pretenda realmente competitivo tem que adotar uma plataforma convergente, moderada, sob pena de se isolar numa ponta minoritária. Tal argumento refletia fielmente o ocorrido em 1964, quando o senador sulista Barry Goldwater pretendeu encarnar uma posição direitista veemente e foi esmagado nas urnas pelo moderado Lyndon Johnson, que pleiteava a reeleição.

Acontece que Goldwater, com todos os defeitos que lhe possam ser atribuídos, não divergia substancialmente do tradicional conservadorismo sulista. Não se apresentava como portador de uma ideologia sem pé nem cabeça, como a anacrônica "supremacia branca" de Donald Trump. E era, digamos assim, um político normal, não um bilionário de Nova York, o que faz uma diferença considerável.

Não tenho dúvida de que o caso brasileiro é muito mais grave que o americano. No que toca ao passado recente, não há necessidade de gastar muito papel. Tínhamos na presidência da República uma figura no mínimo tão despreparada e atrabiliária como Trump. O Congresso tem se saído algo melhor que o esperado, mas o custo fiscal é elevado, como sempre foi, e será até o dia em que líderes de maior envergadura levem a cabo uma reforma política à altura das necessidades (e esperanças) do país. O Judiciário (no qual o Supremo Tribunal Federal ocupa posição preeminente) teve nos últimos anos, especialmente a partir da Operação Lava-Jato, um desempenho que dificilmente terá sido pior no transcurso de nossa história. Por essas e outras razões, milhões de brasileiros estão sendo esmagados por dificuldades econômicas e só não emigram em números dezenas de vezes mais altos porque não dispõem de meios para sair daqui e nem de oportunidades para aportarem com segurança no país que porventura escolhessem.

Numa perspectiva mais dilatada, salta aos olhos que o sistema político brasileiro é incapaz de impulsionar o crescimento da economia, uma melhor distribuição de recursos e oportunidades, e a melhoria das condições de vida. Sabemos todos que, no atual ritmo de crescimento, levaremos pelo menos uma geração para atingir um nível aceitável de bem-estar. A catástrofe que um retrocesso dessa ordem poderá representar pode ser visualizado desde hoje, bastando para tanto dar mais atenção aos números referentes à distribuição de nossa renda anual per capita, ao custo e ao desempenho do sistema de ensino (em todos os níveis) e ao deprimente espetáculo que os milhões amontoados nas periferias de nossas grandes cidades encenam diariamente.

Como é óbvio, a incapacidade do sistema político de impulsionar o crescimento não se reduz a um só fator. Deve-se a dezenas de causas. Algo mais familiarizado com os problemas políticos, eu me pergunto por que o Brasil não possui, fora do sistema político formal, associações e instituições capazes de fiscalizar e balizar em alguma medida as instituições formais; e não só fiscalizar e balizar, mas também contribuir, cada um na medida de seus recursos, em situações pontuais. Por que não temos um *Ombudsman* privado, que faça uma parte pelo menos do trabalho que em condições normais seria feito pela Procuradoria Geral da República? Quando edificaram aquela inutilidade branca chamada Memorial da América Latina, nenhum grupo ou associação levantou a voz para sugerir que ali cairia melhor um florido e confortável parque, com bancos e quiosques concebidos com alguma estética, com facilidades para leitura e música, sem a barulheira desvairada que domina a cidade?

A indagação formulada em meu parágrafo anterior é falsa retórica. Escolhi esse gênero para dar um repouso ao leitor, mas a resposta é conhecida. O problema é que os problemas que suscitei deveriam vir depois dos que exponho a seguir. Há no Brasil dezenas de milhares que percebem a necessidade de associações e instituições que balizem o sistema de partidos sem terem antes se perguntado se o Brasil tem um sistema de partidos. Instituições que balizem as alternativas do gasto público sem antes perguntar o que faziam certas autoridades que autorizaram certas obras. Não, primeiro precisamos compreender o sistema político, desde logo o sistema de partidos, para decidirmos o que fazer. Precisamos de remendos ou de uma reforma enérgica em nossas instituições e mentalidades?

O acoplamento do sistema presidencial de governo a esse enorme balaio de siglas é, com certeza, a pior invenção política que se poderia ter concebido. Acoplar o sistema presidencial de governo a uma Câmara de Deputados onde, na legislatura de 2019-2022, 513 deputados têm assento, divididos em 24 siglas, a maior das quais conta atualmente com 15% das cadeiras, é dar razão ao general De Gaulle: não pode ser coisa de país sério. Qualquer primeiranista de Ciência Política ou Direito Constitucional sabe que, no presidencialismo, o Executivo não dispõe de meios legítimos para forçar um Legislativo recalcitrante a recusar aprovação, sem fundamentação adequada, a reformas estruturantes sabidamente necessárias, que vêm sendo discutidas há décadas. Reciprocamente, ao Legislativo não é conferida a prerrogativa de destituir um Chefe de Governo a quem falta a estatura exigida pelo cargo; a não ser, naturalmente pelo complexo, demorado e perigoso processo do *impeachment*.

Tivéssemos cabeça, nos abalançaríamos a uma reforma política incisiva, cuja pedra angular haveria de ser a implantação do sistema parlamentarista de governo. Peço licença para acrescentar que o debate sobre sistemas de governo, sistemas eleitorais e demais peças político-institucionais não pode ser monopólio de Brasília. Sendo, como são, reformas estruturantes, com impacto generalizado e duradouro sobre a sociedade, devem contar com toda contribuição relevante que o Congresso possa mobilizar de fora para dentro.

Na presente situação brasileira, a questão constitucional apresenta dificuldades consideráveis em relação à de 1987-1988. Peço licença para repisar três delas. A primeira, indiscutível, é que estamos aprisionados na chamada "armadilha do baixo crescimento". Dificuldade gigantesca, mastodôntica, pois quem se dispuser a examiná-la com seriedade, sabendo que o país está estagnado, ou pior que isso, em retrocesso, enxergará logo ali à frente, num horizonte de no máximo trinta anos, um país empobrecido numa escala impensável. E entenderá que não escaparemos dessa armadilha se não tivermos lucidez e coragem para impulsionar o crescimento num grau que já há muitos anos nos têm faltado.

A segunda dificuldade tem a ver com a classe política. Ninguém ignora que perdemos quase todas as lideranças dotadas de coragem e tirocínio que conduziram nosso processo de redemocratização. Homens como Mário Covas, Franco Montoro, Roberto Campos, Ulysses Guimarães e quiçá mais duas dezenas se foram. E como o regime militar (com o reforço de outros fatores que não vêm ao caso mencionar aqui) impediu a renovação da política eletiva, estamos padecendo sob a mediocridade de uma entressafra como talvez nunca tenhamos tido em nossa história. Renovação com efetiva capacidade de liderança, salvo pelo presidente Fernando Henrique Cardoso, não houve. A saída de cena dos líderes mencionados deixou o Brasil sem um ponto de fixação, ou seja, sem um verdadeiro núcleo de centro. Nossa situação atual é um *free-for-all,* como os americanos costumam dizer. O único agrupamento que podia recorrer pelo menos à sua própria esperteza para se fazer passar por centro era o Partido dos Trabalhadores, que conseguiu chegar ao poder, mas legando-nos a pior recessão de nossa história. Findos os 14 anos da era Lula-Dilma, o campo ficou aberto para sandices de que nos julgávamos livres, notadamente no terreno eleitoral e partidário, como o retorno do populismo, matéria em que nós, latino-americanos, somos especialistas.

Em terceiro lugar, temos incrustada na própria Constituição as estapafúrdias "cláusulas pétreas". Num momento de rara infelicidade, talvez até com boas intenções, os constituintes insculpiram na Carta Magna esse instituto que, na prática, equivale a negar metade ou mais de tudo aquilo a que a política deveria se prestar. Uma de tais cláusulas é o chamado "trânsito em julgado", que, sem o menor pudor, divide nossa Justiça em duas, a do pobre e a do rico. A primeira pode mandar um pobre diabo para a cadeia já a partir da primeira instância; a segunda provavelmente não conseguirá fazê-lo nem depois da quarta. O primeiro, se roubar uma barra de chocolate e tiver a infelicidade de ser preso, tem uma altíssima probabilidade de mofar durante vários anos num desses nossos edificantes presídios – como o de Pedrinhas, onde até decapitações já se registraram. O segundo, seja ele um bilionário, ou nem tanto, um político sempre bem recebido nos meios advocatícios, gastando parte de sua fortuna, pode esperar tranquilamente a passagem do tempo, pois nem a pau seu processo chegará à quarta instância de julgamento. Existe solução para isso? Em tese, sim. É só fazermos outra Constituição, touro que o professor Modesto Carvalhosa vem tentando agarrar à unha. Fazer uma abrangente reforma constitucional. Dá-se, porém, que, no tocante às cláusulas pétreas, fazer uma nova Constituição é o que no jargão jurídico se chama convocar o "poder constituinte originário", quer dizer, convocar e eleger uma nova Constituição e rezar para que ela seja menos obtusa do que o foi a de 1987-1988 na questão acima discutida.

Outra precaução importante é não repetirmos o erro de 1993, quando submetemos matérias dessa gravidade a uma consulta popular plebiscitária. Cabe aqui o ensinamento do liberal gaúcho J.F. de Assis Brasil (presidencialista, por sinal). Destacando a superioridade da busca da racionalidade no sistema representativo "em sua elaboração completa" (leia-se parlamentarismo) e a falta dela no "simples plebiscito" (leia-se presidencialismo), ele esclarece que o sistema representativo combina a pressão popular com a possibilidade *"da discussão metódica, necessária para o completo esclarecimento dos assuntos, para a possível modificação do próprio modo de propor o objeto a resolver, e até para acentuar a responsabilidade das opiniões e dos seus portadores".*

BIBLIOGRAFIA DE REFERÊNCIA

Para bem apreender as barbaridades perpetradas por um Stalin ou um Hitler, registros fotográficos e cinematográficos são tão úteis ou até mais úteis que relatos discursivos. Veja-se, por exemplo, o filme *Colheita Amarga*, de 2018, que trata do genocídio ucraniano conhecido como *holodomor* ("deixar morrer de fome"), registro de corpo inteiro do massacre imposto por Stalin à população da Ucrânia no inverno de 1932-1933. E não deve ter sido por acaso que o filme *A sombra de Stalin*, de 2019, referente ao mesmo episódio, põe em relevo a figura de um fotógrafo. Igualmente, sobre Auschwitz, existem dezenas de obras cinematográficas de altíssima qualidade.

ALLISON, Graham T. *Essence of Decision – Explaining the Cuban missile crisis*. Boston: Little, Brown, 1971.

ANDRADE, Auro de Moura. *Um Congresso em defesa da democracia*. Rio de Janeiro: Nova Fronteira, 1985.

APTER, David. *Ideology and Discontent*. Nova Iorque: The Free Press, 1964.

ARENDT, Hannah. *The Origins of Totalitarianism*. Nova Iorque: Harcourt, Brace, 1951.

BABEUF, Gracchus. *La guerre de la Vendée et le système de dépopulation*. Paris: Les Éditions du Cerf, 2008.

BACKES, Ana Luíza. *Fundamentos da ordem republicana: repensando o pacto de Campos Salles*. Brasília, Plenário: Editora da Câmara dos Deputados, 2006.

BEARD, Mary. *SPQR – A History of Ancient Rome*. Londres: Liveright, 2015.

BELL, Daniel. *The Radical Right*. Nova Brunschwick: Transaction Books, 1955; 3ª edição.

BRACHER, Karl Dietrich. *The German Dictatorship*. Nova Iorque: Praeger, 1970.

BRAUDEL, Fernand. *Civilization Matérielle et Capitalisme*. Paris: Armand Colin, 1967.

BURY, John B. *The Idea of Progress*. Londres: Macmillan & Co., 1920 (reimpresso pela New York Dover Publications, 1950).

CARDOSO, Fernando H. "Dependent-associated development: theoretical and practical implications." *In*: STEPAN, A. (Org.) *Authoritarian Brazil*. New Havem, Conn., 1973.

CARNEIRO DA CUNHA, P. O. "A fundação de um império liberal." *In*: BUARQUE DE HOLANDA, Sérgio. *O Brasil monárquico*. São Paulo: Difel, t. II. 1., 1982.

CONQUEST, Robert. *The Harvest of Sorrow – Soviet Collectivization and the Terror-Famine*. Oxford, Nova Iorque: Oxford University Press, 1986.

CONVERSE, Philip. "The Nature of Belief Systems in Mass Publics." *In*: APTER, David. *Ideology and Discontent*. Nova Iorque: The Free Press, 1964.

CORNELL, Tim & MATHEWS, John. *Atlas of the Roman World*. Nova Iorque: Facts on File, Inc., 1983.

CUNHA, Euclides da. *À margem da história*. São Paulo: Editora Lello Brasileira, 1967.

CRASSWELLER, Robert D. *Perón and the enigmas of Argentina*. Nova Iorque: Norton & Company, 1987.

DÍEZ ESPINOSA, José Ramón. *El labirinto alemán – Democracias y Dictaduras (1918-2000)*. Valladolid, Espanha: Universidad de Valladolid, 2002.

DORNAS FILHO, João. *O ouro das gerais e a civilização da capitania*. São Paulo: Editora Nacional, 1957.

DUVERGER, Maurice. *Échec au roi*. Paris: Albin Michel, 1978.

EDELSTEIN, Ludwig. *The idea of progress in classical antiquity*. Baltimore, MA: The Johns Hopkins Press, 1967.

ENGELS, Friedrich. "New institutions: progress in Switzerland". *In*: MARX, K. & ENGELS, F. *The Revolution of 1848-49: articles from the Neue Rheinishe Zeitung*. Nova Iorque: International Publishers, 1972.

EVANS, Richard J. *The Third Reich in Power*. Nova Iorque: Penguin Books, 2005.

FAORO, Raymundo. *Os donos do poder – Formação do patronato político brasileiro*. Primeiro volume, 7ª edição; Rio de Janeiro: Editora Globo, 1987. Segundo volume: São Paulo: EDUSP, 1975.

FOREST, Robert. *Harvest of Sorrow. Soviet Collectivization and the Terror-Famine*. Nova Iorque: Oxford University Press, 1986.

FRIEDRICH, Carl J.; BRZEZINSKI, Zbigniew K. *Totalitarian Dictatorship and Autocracy*. Nova Iorque: Praeger, 1956.

FURTADO, Celso. *Formação econômica do Brasil*. Rio de Janeiro: Fundo de Cultura, 1959.

______. "Obstáculos políticos ao crescimento econômico do Brasil". *Revista Civilização Brasileira*, ano 1, n. 1. Rio de Janeiro: Civilização Brasileira, 1965.

______. "De l' oligarchie à l'État Militaire". *Temps Modernes*, n. 257. Paris, 1967.

GENTILE, Emilio. *La vía italiana al totalitarismo – partido y Estado en el Régimen Fascista*. Buenos Aires: Siglo Veintiuno Editores, 2005.

GIBBONS, Edward. *Declínio e queda do Império Romano*. São Paulo: Companhia das Letras, 1989.

HEATHER, Peter. *The Fall of the Roman Empire – a New History*. Nova Iorque: MacMillan, 2005.

HEGEL, G.F.W. "The English Reform Bill". *In*: PELCINSCKY, Z.A. (Ed.). *Hegels's Political Writings*. Oxford, UK: Oxford University Press, 1969.

HOFSTADTER, Richard. *The Idea of a Party System – The Rise of Legitimate Opposition in the United States, 1780-1840*. Berkeley & Los Angeles: University of California Press, 1969.

HUNEEUS, Carlos. *El régimen de Pinochet*. Santiago de Chile: Editorial Sudamericana, 2000.

JANOWITZ, Morris; MARVICK, Dwaine. "Competitive Pressure and Democratic Consent". *Public Opinion Quarterly*, v. 19, n. 4, p. 381-400, 1955.

JONES, A.H.M. *The Criminal Courts of the Roman Republic and Principate*. Editado por J. A. Crook. Oxford, UK: Basil Blackwell, 1972.

KUNKEL, Wolfgang. *An Introduction to Roman Constitucional History*. Oxford: Oxford University Press, 1966.

LAMOUNIER, Bolívar. *Da Independência a Lula e Bolsonaro: dois séculos de política brasileira*. Rio de Janeiro: Editora da Fundação Getúlio Vargas, 2021.

______. *Liberais e antiliberais: a luta ideológica de nosso tempo*. São Paulo: Companhia das Letras, 2018.

______. *Tribunos, profetas e sacerdotes*. São Paulo: Companhia das Letras, 2014.

______. "Brazil: towards parliamentarism?" *In*: LINZ, J.; VALENZUELA, A. *The failure of presidential democracy*. Baltimore: The Johns Hopkins University Press, 1994.

LAMOUNIER, Bolívar; ALMEIDA, Maria Hermínia Tavares de. *Determinantes Políticos da Política Agrícola: um Estudo de Atores, Demandas e Mecanismos de Decisão*. Brasília, DF: IPEA, 1994.

LANE, Robert. *Political Life*. Nova Iorque: Free Press, 1959.

LECLANT, Jean (directeur). *Dictionnaire de l'Antiquité*. Paris: Presse Universitaires de France, 2005.

LINZ, Juan. "An authoritarian regime: Spain". *In*: ALLART, E.; LITTUNEN, Y. *Cleavages, ideologies and party systems*. Helsinque: Westermark Society, 1964.

LINZ, Juan. "The future of an authoritarian situation or the institutionalization of an authoritarian regime: the case of Brazil". *In*: STEPAN, A. (Ed.) *Authoritarian Brazil: origins, policies, futures*. New Haven: Yale University Press, 1973.

LINZ, J.; STEPAN, A. *The breakdown of democratic regimes*. Baltimore: The Johns Hopkins University Press, 1978.

LOWI, Theodore. "American business, public policy, case studies and political theory". *World Politics*, v. 16, p. 676-715.

MALIA, Martin. *The Soviet Tragedy*. Nova Iorque: Free Press, 1994.

MANCHESTER, William. *A World Lit Only By Fire*. Boston: Little, Brown and Company, 1992.

MAQUIAVEL, Nicoló. *The Prince*. Nova Iorque: St. Martin's Press, 1964; edição bilíngue editada por Mark Musa; em português, Editora Abril Cultural, 1983, tradução de Lívio Xavier.

MOSCA, Gaetano. *The Ruling Class. Elementi di Scienza Politica*. Nova Iorque: McGraw Hill, 1939.

NUNES LEAL, Victor. *Coronelismo, enxada e voto*. Rio de Janeiro: Editora Nova Fronteira, 1997, 3ª edição.

OLIVEIRA VIANNA, F.J. *Instituições políticas brasileiras*. São Paulo: EDUSP, 1987, 2 vols.

OLSON JUNIOR, Mancur. *Power and Prosperity: Outgrowing Communist and Capitalist Dictatorships*. Nova Iorque: Basic Books, 1987.

ROCK, David. *Argentina, 1516-1987 – From Spanish Colonization to Alfonsín*. Berkeley and Los Angeles: University of California Press, 1987.

RODRIGUES, Leôncio Martins. *Destino do Sindicalismo*. São Paulo: EDUSP, 1999.

SAKHAROV, Andrei D. *Andrei Sakharov speaks*. Editado por Harrisson E. Salisbury. Londres: Collins Harvill Press, 1974.

SCHMITT, Carl. *La dictatura*. Madri: Revista de Occidente, 1968.

SCHWARTZMAN, Simon. *Bases do autoritarismo brasileiro*. Campinas, SP: Universidade de Campinas, 2015.

SILVEIRA, Rosa Maria Godoy. *Republicanismo e federalismo, 1889-1902*. Brasília: Senado Federal, 1978.

SKINNER, Quentin. *The Foundations of Modern Political Thought*. Cambridge, UK: Cambridge University Press, 1978.

SOUZA, Amaury. *A agenda internacional do Brasil: a política externa brasileira de FHC a Lula*. Rio de Janeiro: Campus, 1988.

ULAM, Adam. *Ideologies and illusions. Revolutionary thought from Herzen to Solzlhenitsyn*. Cambridge: Harvard University Press, 1976.

______. *In the name of the people – Prophets and conspirators in prerevolutionary Russia*. Nova Iorque: Viking, 1977.

UTECHIN, s.v. *Historia del pensamiento político ruso*. Madri: Revista de Occidente, 1968.

VERSIANI, Flávio. "Os escravos que Saint-Hilaire viu". *In*: *História Econômica e Economia de Empresas*, vol. 3, n. 1, p. 7- 42. São Paulo: 2000.

VIRGÍLIO, *Eneida*. Organização e tradução de Tássilo Orpheu Spalding; edição brasileira da Editora Abril Cultural, 2003.

WEBER, Max. "Politics as a Vocation". *In*: GERTH, Hans; MILLS, Charles (Eds.). *Max Weber*. Nova Iorque: Oxford University Press, 1968, p. 77-128.

______. *The Agrarian Sociology of Ancient Civilizations*. Londres: Verso Classics, 1998.

WEFFORT, Francisco Correa. *O populismo na política brasileira*. Rio de Janeiro: Civilização Brasileira, 1978.

Conheça também

HANNAH ARENDT

Dana Villa (org.)

Hannah Arendt foi um dos principais nomes do pensamento político do século XX, e a particularidade de seus interesses a inseriu entre os pensadores mais citados de nossos tempos. Este livro examina os principais temas de sua multifacetada obra, desde a teoria sobre o totalitarismo e sua controversa ideia de "banalidade do mal" até seus estudos clássicos sobre a ação política, passando por reflexões finais sobre o juízo e a vida do espírito. Cada ensaio examina os aspectos políticos, filosóficos e históricos que moldaram o pensamento de Hannah Arendt e que a inspiraram a se tornar uma das mais incontritas defensoras da vida política na história do pensamento ocidental.

DOMENICO LOSURDO –
CRÍTICO DO NOSSO TEMPO

Diego Pautasso, Marcos Aurélio da Silva e
João Quartim de Moraes (orgs.)

O presente livro apresenta um panorama abrangente dos grandes temas da obra de Domenico Losurdo. Antes de se tornar uma das maiores referências internacionais da luta anti-imperialista e do marxismo de nosso tempo, ele obtivera reconhecimento acadêmico por seus estudos de filosofia e de história político-cultural alemã (Kant e principalmente Hegel), publicados entre 1983 e 1989. O livro reúne uma série de artigos de pesquisadores italianos e brasileiros que têm se dedicado ao estudo da vasta obra do filósofo italiano Domenico Losurdo. A obra está dividida em dois grandes blocos. O primeiro aborda as raízes filosóficas do pensamento de Losurdo, enquanto o segundo se volta aos estudos mais diretamente ligados à história política dos séculos XVIII, XIX e XX, que interessaram grandemente ao filósofo italiano.

Esta obra foi composta em sistema CTcP
Capa: Supremo 250 g – Miolo: Pólen Natural 70 g
Impressão e acabamento
Gráfica Santuário